First Book of Japanese Word Searches

Ken Knight, Ph.D.

No part of this publication may be reproduced, stored in a retrieval system, or transmitted in any form or by any means, electronic, mechanical, photocopying, recording, or otherwise, without written permission of the publisher, Knight Publishing, LLC.

Copyright © 2016 Ken Knight, Ph.D.
All rights reserved.
ISBN-10: 1533472017
ISBN-13: 978-1533472014

WORD LISTS and PUBLES

Basic Words

Basic Numbers

Time

Adjectives

30 Common Verbs

Occupations

Clothing

Body Parts

Family Members & Addresses

Colors / Basic Food & Drink

© 2016. Knight Publishing, LLC.

Using this book

THANK YOU for buying this book of Japanese word search puzzles! We sincerely hope that they help you in your goal of Japanese language acquisition. The book is made to systematically quiz you on your ability to read Japanese characters and identify words hidden in a mass of seemingly random characters. Finding meaning in what seems to be chaos is essentially what you will do in real life situations as long as you study and use the language.

THE WORD LISTS

There are 10 word lists presented. Each list contains roughly 30 useful words, grouped by category. When you complete this book you will have searched for, found, and been quizzed on a full 318 words!

THE PUZZLES

The first set of puzzles is titled "COMPLETE LISTS" because it contains both the Japanese words hidden in the puzzles and their respective meanings in English. Put a check mark in the box to the left of each word you find in the puzzle. (Don't cross out the words because you won't be able to see them later.)

The second set of puzzles ("JUST JAPANESE") only gives you the Japanese words. You must challenge yourself to remember the English meanings of these words. See how many you can fill in without cheating and looking back at the "COMPLETE LISTS."

The third set of puzzles is called "JUST ENGLISH" because, you guessed it, it contains only the English meanings in the list of words. This means that you will have to try hard to recall the Japanese words in the list. If you really cannot recall a word, scan the puzzle for clues. You might be reminded by a certain set of kana letters that catch your eye.

The solutions to each puzzle are in the back of the book. If you truly cannot find a word and feel completely frustrated look at the puzzle solution and then go back and find the missing word in the puzzle.

NOTES

Each word list has a space for note taking below it. Write down any words you find especially hard to remember. Feel free to draw a picture that helps you remember the sound or spelling of the word.

HAVE FUN

The words are arranged in the puzzles in every conceivable direction: vertically, horizontally, diagonally, from bottom to top, from right to left, etc. Just make sure to have fun and try to visually acquaint yourself with the kana letters of Japanese. Again, if you really cannot recall a letter write it down in the "Notes" section for further review. (Make sure to also look at it again later so that you do actually review it.)

Part 1: COMPLETE LISTS

BASIC WORDS; COMPLETE LIST

	Japanese	English		Japanese	English
☐	はい	yes	☐	どこ	where
☐	いいえ	no	☐	いくら	how much
☐	ください	please (give me)	☐	どのくらい	how many
☐	どうぞ	please (go ahead)	☐	わたし	I
☐	ありがとうございます	Thank you.	☐	あなた	you
☐	すみません	Excuse me.	☐	かれ	he
☐	おはようございます	Good morning.	☐	かのじょ	she
☐	こんにちは	Good afternoon.	☐	わたしたち	we
☐	こんばんは	Good evening.	☐	かれら	they
☐	おやすみなさい	Good night. (sleep well)	☐	えいご	English
☐	いつ	when	☐	にほんご	TL
☐	どうやって	how	☐	アメリカ	US
☐	なに	what	☐	イギリス	UK
☐	どうして	why	☐	オーストラリア	Australia
☐	だれ	who	☐	カナダ	Canada
☐	どの	which	☐	にほん	Japan

Notes:
_____
_____
_____

BASIC WORDS; COMPLETE LIST

じ	ご	は	ん	は	む	け	か	ぜ	う	ね	ぬ	さ	は	わ	の	ざ	へ	ひ	ぼ
よ	げ	ふ	か	に	ん	い	ぜ	ぽ	ひ	ぬ	る	こ	ち	わ	せ	ん	む	ろ	ぎ
ご	げ	ほ	こ	ぴ	ざ	ば	お	ち	れ	こ	ぺ	ら	に	ぞ	ほ	ぜ	ほ	で	に
ぽ	ど	の	し	く	つ	ぷ	ん	ぺ	に	ふ	け	か	ん	の	も	ゆ	ざ	だ	へ
ば	て	し	う	ど	は	い	べ	こ	ほ	た	ち	せ	こ	よ	ね	ち	づ	ぜ	ど
も	よ	あ	ぴ	え	ら	ぞ	ぬ	わ	ん	ち	が	に	す	ば	り	で	い	べ	ふ
し	ら	ぎ	な	ぢ	く	べ	ぷ	ら	れ	か	お	わ	き	え	ひ	ど	は	ふ	へ
ひ	オ	な	ぞ	た	い	ど	め	び	け	ぷ	や	お	や	ま	イ	ギ	リ	ス	み
あ	ー	ね	あ	た	こ	す	ぜ	れ	お	び	す	も	ひ	よ	げ	ひ	ふ	へ	そ
む	ス	ぜ	り	べ	は	ぢ	ま	だ	ぴ	ず	み	そ	や	れ	わ	で	づ	ご	ぐ
ほ	ト	も	が	び	ぺ	を	い	い	て	へ	な	ぎ	ゅ	ご	だ	ぴ	は	な	ろ
そ	ラ	ば	と	す	し	ご	ら	ぐ	ざ	は	さ	ゃ	ぽ	ぽ	い	へ	ど	に	わ
わ	リ	え	う	づ	ぶ	ん	く	と	あ	ご	い	ぱ	ぢ	く	こ	え	う	な	ど
め	ア	ず	ご	お	の	い	の	か	む	あ	う	ち	た	し	た	わ	ぞ	っ	ひ
じ	み	よ	ざ	け	づ	も	ど	ね	ぱ	す	へ	よ	は	ア	ば	し	ふ	つ	ね
っ	て	ゃ	い	よ	よ	ず	れ	ろ	す	み	ゆ	り	は	ペ	メ	カ	た	び	い
か	っ	き	ま	え	い	い	め	ね	ぼ	ま	づ	ひ	れ	お	も	リ	ナ	わ	ぼ
わ	や	け	す	か	れ	ど	や	じ	ぽ	せ	ち	に	ほ	ん	ご	う	カ	ダ	り
け	う	い	さ	だ	く	み	ま	ぱ	い	ん	ぱ	ぜ	ぜ	ぜ	じ	ほ	え	ど	の
え	ど	ん	ぐ	さ	に	ざ	の	ま	ろ	べ	よ	じ	の	か	ぱ	ぼ	ど	ひ	ぱ

BASIC NUMBERS; COMPLETE LIST

	Japanese	English		Japanese	English
☐	ゼロ	zero	☐	じゅうご	fifteen
☐	いち	one	☐	じゅうろく	sixteen
☐	に	two	☐	じゅうしち	seventeen
☐	さん	three	☐	じゅうはち	eighteen
☐	し	four	☐	じゅうく	nineteen
☐	ご	five	☐	にじゅう	twenty
☐	ろく	six	☐	さんじゅう	thirty
☐	しち	seven	☐	よんじゅう	forty
☐	はち	eight	☐	ごじゅう	fifty
☐	きゅう	nine	☐	ろくじゅう	sixty
☐	じゅう	ten	☐	ななじゅう	seventy
☐	じゅういち	eleven	☐	はちじゅう	eighty
☐	じゅうに	twelve	☐	きゅうじゅう	ninety
☐	じゅうさん	thirteen	☐	ひゃく	hundred
☐	じゅうし	fourteen	☐	せん	thousand

Notes: _____

_____

_____

BASIC NUMBERS; COMPLETE LIST

ど	に	じゅ	う	こ	ぬ	ひ	る	ず	そ	ご	ぽ	い	じゅ	う	さ	ん	ゅ
ぐ	す	か	な	ぎ	で	は	ご	む	に	ぜ	つ	ゅ	た	ぷ	な	い	ず	し
え	あ	ま	ゅ	ま	や	じ	や	き	ん	ぐ	ま	ょ	ば	を	は	ひ	え	り	と
ゆ	ど	れ	き	は	ゅ	げ	う	ぜ	ど	で	に	ゼ	ど	じ	し	ちゅ	じ	づ
ず	ば	べ	べ	う	わ	ちゅ	よ	く	み	ぢ	ロ	ゅ	ゆ	す	あ	じょ	ぜ
お	き	め	ぎ	ち	ご	し	じ	だ	し	さ	え	う	ん	ま	い	ぺ	ゅ	ゅ	え
ん	せ	べ	ゅ	し	ゆ	い	ん	つ	も	ょ	ぜ	く	さ	い	づ	さ	ゃ	ん	う
ぺ	り	た	ぬ	う	ぜ	ま	よ	る	へ	く	べ	ろ	ひ	ち	い	じ	し	じ	ら
は	う	げ	ぽ	ゅ	ぜ	ゅ	ほ	ぴ	ぎ	に	は	に	ん	ゃ	げ	て	ん	ゅ	れ
ちゅ	ぴ	が	じ	ず	ゃ	よ	う	だ	じ	ぽ	た	ゃ	べ	く	ふ	べ	う	ろ
れ	き	ら	び	ぱ	せ	う	て	た	ゅ	ち	じゅ	う	ろ	く	ざ	ぱ	し	ゃ
え	ゅ	う	は	ん	ゅ	ら	お	ぽ	こ	じ	い	へ	え	す	ょ	の	ご	ね	よ
や	ゆ	ち	ぎ	じ	す	れ	ろ	だ	よ	あ	く	う	ま	む	こ	う	ざ	び
ゅ	よ	わ	う	ざ	ざ	ぴ	り	さ	み	じ	け	ろ	ゅ	ぶ	ゅ	ぢ	ら	け	ば
ず	う	ゅ	や	ぱ	か	す	た	け	ん	ふ	ゅ	け	ほ	じ	ひ	ぐ	ざ	べ	が
ぬ	き	だ	む	ぽ	に	う	ぜ	た	す	じ	ん	う	め	せ	ち	は	う	ゅ	じ
ひ	そ	ぷ	そ	う	め	ゅ	ぬ	け	そ	え	ゅ	よ	く	ぜ	ず	び	あ	ら	ゆ
だ	り	れ	ゅ	じ	つ	じ	は	き	ぼ	ぶ	ど	う	お	れ	ゃ	じ	じ	て	べ
ぞ	そ	じ	ん	え	わ	な	ぞ	げ	い	ざ	ん	な	べ	ば	ぞ	ぬ	も	る	え
よ	あ	ず	じ	ち	し	な	お	が	う	ま	ぐ	な	だ	よ	ぺ	ゅ	に	る	ば

TIME; COMPLETE LIST

	Japanese	English		Japanese	English
☐	げつようび	Monday	☐	じゅうがつ	October
☐	かようび	Tuesday	☐	じゅういちがつ	November
☐	すいようび	Wednesday	☐	じゅうにがつ	December
☐	もくようび	Thursday	☐	じ	o'clock
☐	きんようび	Friday	☐	はん	half past
☐	どようび	Saturday	☐	あさ	morning
☐	にちようび	Sunday	☐	ひるま	noon
☐	いちがつ	January	☐	よる	evening
☐	にがつ	February	☐	よなか	midnight
☐	さんがつ	March	☐	ごぜん	AM
☐	しがつ	April	☐	ごご	PM
☐	ごがつ	May	☐	はる	Spring
☐	ろくがつ	June	☐	なつ	Summer
☐	しちがつ	July	☐	あき	Autumn/Fall
☐	はちがつ	August	☐	ふゆ	Winter
☐	くがつ	September			

Notes: _____

_____

_____

_____

TIME; COMPLETE LIST

く	ら	き	わ	の	ぞ	ぢ	ざ	は	え	せ	ぽ	ゆ	ゅ	ご	ぶ	で	べ	る	る
ご	ず	め	じ	な	び	み	う	ぢ	ず	よ	ち	き	さ	あ	と	ゃ	ず	の	て
る	じ	は	ま	ぐ	ぷ	う	は	も	な	び	ふ	へ	ま	だ	づ	ぢ	ゆ	き	ゃ
ぺ	ぎ	れ	せ	は	は	つ	よ	ち	ど	び	う	よ	い	す	に	ぽ	ぢ	も	ね
も	ょ	ぼ	ぶ	ん	な	ず	わ	か	が	ぴ	べ	ゅ	え	と	に	ぞ	と	じ	に
み	べ	ふ	ぢ	て	ね	っ	ぷ	て	ぱ	っ	ぢ	く	ひ	ち	む	そ	ゅ	ぞ	ぶ
ぬ	お	じ	ゅ	ご	は	ん	む	け	か	ぜ	さ	う	び	ご	ね	う	ぬ	さ	わ
の	い	ざ	へ	ひ	ぼ	ょ	げ	ふ	か	に	ん	い	ぜ	う	に	ぜ	ぽ	ひ	ぬ
る	ち	こ	げ	わ	せ	は	ん	む	っ	ろ	が	ん	ぎ	が	よ	ご	げ	ほ	こ
ぴ	が	ざ	っ	お	る	ち	じ	れ	が	こ	っ	ぺ	っ	ら	ぞ	ん	ほ	ぜ	ほ
く	つ	で	よ	に	ぽ	ど	の	し	う	か	く	ぷ	び	ぺ	ふ	け	き	か	の
も	が	ゆ	う	ざ	だ	へ	っ	ば	ゅ	つ	な	は	う	べ	き	た	ち	せ	よ
ね	ち	っ	び	づ	ぜ	ど	が	も	じ	よ	が	よ	よ	ぴ	え	あ	も	ぞ	ぬ
わ	ち	が	に	す	ば	り	く	で	べ	ふ	び	し	ち	し	ら	く	ぎ	ぢ	ぺ
ぶ	わ	き	え	ひ	ど	ふ	ろ	へ	ひ	ひ	な	う	に	ご	よ	ぞ	め	び	け
ぷ	お	や	ま	み	あ	ね	た	ぜ	れ	る	お	び	ょ	う	ご	も	ひ	よ	げ
ひ	つ	ふ	へ	そ	む	ぜ	べ	は	ぢ	ま	だ	ぴ	び	ど	ず	そ	ゃ	わ	で
づ	が	ご	に	ぐ	ほ	も	び	ぺ	を	て	へ	な	っ	ぎ	ゅ	ぴ	は	な	ご
ろ	ち	そ	が	る	よ	ば	す	し	ご	ぐ	は	ゃ	ぽ	ぽ	へ	わ	わ	が	え
づ	し	ぶ	っ	ん	と	あ	ぱ	ぢ	じ	ゅ	う	い	ち	が	つ	く	っ	こ	ど

ADJECTIVES; COMPLETE LIST

	Japanese	English		Japanese	English
☐	おおきい	big	☐	ちがう	wrong
☐	ちいさい	small	☐	くらい	dark
☐	やすい	cheap	☐	あかるい	light
☐	たかい	expensive	☐	うるさい	noisy
☐	はやい	early	☐	しずか	quiet
☐	おそい	late	☐	にいがい	bitter
☐	いい	good	☐	しょっぱい	salty
☐	わるい	bad	☐	あまい	sweet
☐	あつい	hot	☐	すっぱい	sour
☐	さむい	cold	☐	はやい	fast
☐	ちかい	near	☐	おそい	slow
☐	とおい	far	☐	きれい	clean
☐	ふるい	old	☐	かわいい	cute
☐	あたらしい	new	☐	うつくしい	beautiful
☐	ただしい	right	☐	わかい	young

Notes:
_____
_____
_____
_____

ADJECTIVES; COMPLETE LIST

そ	ほ	ば	し	づ	ろ	さ	ら	ほ	す	ず	き	れ	い	あ	を	こ	わ	ご	じ
ぱ	ね	ぐ	ほ	い	ん	ほ	ゆ	い	や	は	が	た	の	ひ	た	ね	て	い	り
へ	お	ど	び	つ	つ	ら	ぶ	ぷ	い	い	い	ぱ	っ	す	ま	ら	ぜ	お	か
れ	へ	べ	の	へ	ぴ	あ	で	り	る	げ	さ	い	く	ゆ	と	ぱ	し	と	ぴ
て	も	せ	い	や	づ	て	よ	げ	か	め	ね	ら	わ	ぽ	し	ぺ	う	い	ぺ
ぴ	じ	と	っ	る	ふ	あ	た	ぼ	あ	そ	い	げ	ず	か	も	ず	ど	だ	っ
ぷ	い	お	そ	い	わ	い	ぎ	や	と	あ	い	ゆ	ぢ	て	の	お	か	こ	う
ぺ	わ	か	し	お	い	ざ	い	か	わ	へ	や	し	ね	み	こ	た	ぼ	べ	し
ゅ	わ	し	ち	ぞ	ご	う	ざ	ど	ほ	で	ん	き	ょ	ほ	じ	く	ゃ	み	ほ
い	ざ	や	ほ	ぢ	ご	う	が	い	え	は	れ	ろ	か	っ	だ	ぺ	い	ゃ	へ
き	ぜ	お	う	ね	へ	ほ	め	ち	が	ず	ぷ	ぞ	ぺ	ぢ	ぱ	り	ん	こ	を
お	ほ	ぼ	ゃ	い	な	ろ	ら	ふ	び	い	り	し	じ	れ	う	い	ぜ	ざ	づ
お	ば	ゅ	め	と	か	え	ょ	は	い	ぢ	に	ぱ	い	つ	ず	ぷ	の	ば	か
と	せ	ご	も	ひ	ょ	た	も	い	や	ろ	ぷ	す	く	ほ	ろ	づ	ど	り	え
さ	ぎ	ぶ	く	も	あ	ょ	ぷ	ぽ	の	い	や	し	ら	ぼ	だ	て	や	ほ	ぢ
い	し	だ	た	ふ	す	み	ぞ	ほ	ず	で	い	ひ	た	ぼ	む	よ	ば	は	わ
い	さ	い	ち	な	ゆ	て	ぐ	あ	じ	を	れ	が	ゆ	は	は	お	あ	ぴ	く
ほ	び	い	せ	ご	う	に	ら	ま	せ	を	が	ぽ	ゃ	く	む	そ	の	い	て
ぷ	る	い	は	ゅ	れ	る	ぱ	い	へ	ぱ	さ	む	い	お	れ	い	ゃ	お	ら
ふ	う	る	さ	い	い	な	が	そ	っ	へ	わ	ぢ	づ	ふ	こ	ぶ	だ	ゅ	の

30 COMMON VERBS; COMPLETE LIST

	Japanese	English		Japanese	English
☐	きます	come	☐	かんがえます	think about
☐	わかります	understand	☐	ほしい	want
☐	やくす	translate	☐	あげます	give
☐	います	be (animate objects)	☐	つかいます	use
☐	です	copula	☐	さがします	look for
☐	あります	have	☐	みつかります	find
☐	します	do	☐	つたえます	tell
☐	いいます	say	☐	ききます	ask/hear/listen
☐	もらいます	get (receive)	☐	はたらきます	work
☐	とります	take	☐	ためします	try
☐	つくります	make	☐	かえります	leave/go home
☐	いきます	go	☐	でんわします	call (phone)
☐	しります	know	☐	よびます	call (aloud)
☐	みます	see/look/watch	☐	あいます	meet
☐	おもいます	think (feel)	☐	はなします	talk

Notes:

30 COMMON VERBS; COMPLETE LIST

る	が	す	で	す	れ	よ	す	せ	あ	ず	あ	り	ま	す	か	ぎ	じ	ぴ	し
じ	ぶ	ま	ま	ら	び	ゃ	ほ	ま	だ	ぷ	こ	お	み	ん	ふ	ぞ	の	ま	ゆ
の	ぢ	い	に	ね	り	さ	し	す	り	ぼ	ぬ	い	が	あ	ゆ	ぼ	す	ぐ	ゃ
ゆ	い	も	ぼ	て	ご	わ	い	で	せ	と	ぬ	え	き	ら	ぜ	せ	ま	そ	だ
に	る	お	づ	ぼ	ぽ	い	ぱ	は	か	そ	ま	ぜ	だ	ま	す	え	し	い	え
も	っ	か	い	ま	す	ご	そ	つ	び	す	ん	ぐ	れ	べ	す	こ	が	が	ぷ
す	ろ	よ	だ	ぬ	み	す	ま	げ	あ	ぬ	ん	ぬ	そ	ざ	ぴ	ぽ	さ	ず	ね
ま	お	ぽ	う	ま	き	ど	ど	に	び	と	へ	ほ	ょ	わ	ね	め	ま	ゆ	れ
り	わ	ぢ	す	ぷ	り	も	あ	せ	ほ	く	へ	ど	り	か	せ	え	で	る	や
え	あ	ほ	に	そ	づ	お	ぷ	あ	し	ま	す	げ	た	り	け	ぺ	ゅ	ぬ	げ
か	づ	な	を	に	さ	げ	ず	み	め	の	い	ぴ	す	ま	す	ま	い	あ	ぽ
や	ぷ	ぬ	ぐ	ひ	よ	づ	る	ぱ	つ	そ	ゅ	で	ま	す	ん	の	な	す	ぷ
す	ま	き	ら	た	は	ゅ	き	ゅ	す	か	づ	つ	い	ゅ	は	な	し	ま	す
を	す	ま	り	く	つ	べ	く	で	ぐ	ま	り	ゅ	た	ぎ	つ	す	つ	び	ぼ
さ	け	や	し	へ	ぺ	ぺ	ん	お	す	ぎ	り	ま	ん	え	な	す	ふ	よ	も
て	び	た	う	か	ぢ	わ	と	ま	ほ	あ	ぎ	し	す	か	ま	つ	な	も	の
す	ぜ	め	ぱ	ぼ	し	が	き	と	ず	ゃ	ぜ	つ	す	ぶ	ね	す	す	ぺ	も
ぼ	ひ	し	じ	ま	き	き	の	ぎ	す	ま	い	ら	も	わ	も	ぜ	ゆ	く	ぺ
ご	て	ま	す	た	ゅ	ぽ	べ	き	ま	す	ば	む	ざ	や	れ	む	じ	ざ	や
よ	べ	す	り	て	ぺ	ず	に	あ	ぜ	で	や	そ	め	ざ	ず	ほ	の	ぐ	ん

OCCUPATIONS: COMPLETE LIST

	Japanese	English		Japanese	English
☐	しょくぎょう	occupation	☐	スポーツせんしゅ	athlete
☐	がくせい	student	☐	けいりし	accountant
☐	かいしゃいん	office worker	☐	かんごふ	nurse
☐	アルバイト	part-time worker	☐	だいく	carpenter
☐	むしょく	unemployed	☐	マーケティング	marketing
☐	せんぎょうしゅふ	homemaker	☐	えいぎょう	sales
☐	いしゃ	medical doctor	☐	データにゅうりょく	data entry
☐	べんごし	lawyer	☐	ほけん	insurance
☐	しゃちょう	company president	☐	ふどうさん	real estate
☐	エンジニア	engineer	☐	ぎんこういん	banker
☐	デザイナ	designer	☐	しごと	job
☐	きょうし	teacher	☐	はたらきます	to work
☐	うんてんしゅ	driver	☐	つとめます	to be employed (by)
☐	コック	chef	☐	べんきょうします	to study
☐	ひしょ	secretary	☐	やめます	to quit

Notes:

OCCUPATIONS: COMPLETE LIST

げ	ち	た	ば	ぷ	か	か	か	が	し	ご	と	ぷ	ふ	い	し	ゃ	ま	ち	え
げ	ざ	ぼ	ぶ	グ	ン	ィ	テ	ケ	ー	マ	ぞ	が	え	む	ぼ	ん	ぞ	い	よ
く	ぴ	ほ	ゃ	し	ゅ	に	ご	ス	ポ	ー	ツ	せ	ん	し	ゅ	ご	ぎ	け	は
よ	ょ	と	ふ	め	は	う	ぷ	し	ひ	ほ	え	き	ゅ	ん	へ	よ	く	と	め
ぱ	ぶ	り	げ	き	て	コ	ッ	ク	ゃ	び	ぽ	と	ゆ	せ	う	お	が	ざ	ろ
ご	ふ	ご	う	が	げ	し	づ	ぐ	そ	ち	ろ	さ	し	ぴ	で	ら	み	す	れ
や	ん	ひ	ご	ゅ	か	の	ょ	ぞ	は	ど	よ	ぎ	ご	い	け	し	り	い	け
め	や	い	も	れ	に	ふ	ょ	く	ぶ	ね	ち	う	ん	エ	ン	ジ	ニ	ア	ぽ
ま	げ	わ	ゃ	げ	お	タ	ぬ	し	ぎ	ぴ	ぜ	う	べ	ぴ	ぷ	せ	だ	ゃ	え
す	び	ぎ	か	し	づ	ご	ー	げ	ひ	ょ	ん	い	せ	く	が	す	ぎ	ず	ざ
ふ	さ	ん	ぼ	い	せ	つ	デ	ぷ	て	う	ょ	ぴ	り	ま	ト	わ	を	ざ	ざ
ご	ど	こ	ろ	と	す	か	を	ぎ	ん	ら	て	で	ず	き	ゃ	イ	の	っ	せ
ん	ぞ	う	ぺ	あ	ぎ	か	す	し	う	こ	ね	ぐ	ら	い	た	バ	っ	ぞ	ま
か	ぱ	い	ぴ	だ	や	ま	ゅ	ら	ぼ	は	く	た	す	な	ぬ	ル	ゆ	て	し
お	ぢ	ん	い	を	し	ぞ	わ	そ	ぶ	か	は	ょ	ざ	る	ょ	ア	を	る	ぽ
ぐ	ぬ	く	ね	う	る	ざ	し	ご	ぞ	く	げ	わ	し	ん	だ	ま	ち	ゅ	す
こ	な	し	ょ	ょ	づ	へ	し	う	ょ	き	ぢ	じ	け	む	ね	だ	も	ぶ	ま
せ	よ	き	ん	さ	う	ど	ふ	ぐ	き	さ	れ	ほ	ほ	さ	な	ぺ	け	で	め
せ	ん	む	ら	ぴ	を	ナ	イ	ザ	デ	く	せ	ん	ぎ	ょ	う	し	ゅ	ふ	と
べ	ぬ	ぴ	ぜ	ざ	び	ぼ	く	い	れ	ぷ	ぎ	め	を	て	に	こ	ほ	ぶ	っ

CLOTHING; COMPLETE LIST

	Japanese	English		Japanese	English
☐	ふく	clothing	☐	ブーツ	boots
☐	くつ	shoes	☐	ながそで	long sleeve
☐	くつした	socks	☐	はんそで	short sleeve
☐	ずぼん	pants	☐	たんパン	shorts
☐	ジーンズ	jeans	☐	てぶくろ	glove
☐	スカート	skirt	☐	コート	coat
☐	ドレス	dress	☐	ジャケット	jacket
☐	ベルト	belt	☐	トレーナー	sweatshirt
☐	ワイシャツ	dress shirt	☐	セーター	sweater
☐	したぎ	underwear	☐	ハイヒール	high heels
☐	ネクタイ	necktie	☐	サンダル	sandals
☐	ぼうし	hat	☐	さいふ	wallet/purse
☐	めがね	glasses	☐	かばん	bag
☐	ピアス	earring	☐	リュックサック	backpack
☐	ゆびわ	ring	☐	マフラー	scarf
☐	ネックレス	necklace	☐	うでどけい	watch
☐	ブレスレット	bracelet			

Notes: _____

_____

_____

_____

CLOTHING; COMPLETE LIST

(Word search puzzle grid containing hiragana and katakana characters)

BODY PARTS; COMPLETE LIST

	Japanese	English		Japanese	English
☐	からだ	body	☐	ゆび	fingers
☐	かみのけ	hair	☐	おやゆび	thumbs
☐	あたま	head	☐	あし	legs
☐	みみ	ears	☐	おしり	butt
☐	め	eyes	☐	あし	feet
☐	はな	nose	☐	あしゆび	toes
☐	くち	mouth	☐	つめ	fingernails
☐	くちびる	lips	☐	まつげ	eye lashes
☐	は	teeth	☐	まゆげ	eyebrows
☐	ひげ	mustache/beard	☐	け	body hair
☐	かた	shoulders	☐	ひじ	elbow
☐	くび	neck	☐	ひざ	knee
☐	のど	throat	☐	てくび	wrist
☐	むね	chest	☐	あしくび	ankle
☐	おなか	tummy	☐	あご	chin/jaw
☐	うで	arms	☐	せなか	upper back
☐	て	hands	☐	こし	lower back

Notes:

BODY PARTS; COMPLETE LIST

う	ぽ	ひ	え	を	そ	で	ゃ	か	ょ	そ	で	こ	け	ざ	ね	ぱ	に	の	さ
お	し	り	ざ	づ	げ	へ	せ	な	ど	じ	て	さ	あ	お	だ	ど	た	け	ん
い	け	ら	じ	ぎ	ん	か	な	お	よ	の	そ	ぐ	に	よ	つ	ひ	を	ゃ	し
ろ	ぷ	ち	く	ぐ	ぼ	む	か	そ	の	せ	び	く	し	あ	ぽ	ら	ぽ	く	ゃ
き	よ	ぼ	え	ぶ	ね	に	ち	ず	つ	ゃ	そ	ゃ	へ	ら	だ	ら	か	り	へ
ゃ	ど	づ	ゃ	ご	ひ	は	む	め	て	せ	ざ	は	ぶ	つ	せ	へ	ぐ	ふ	ま
れ	か	ざ	ほ	ほ	じ	ぐ	だ	し	ひ	ば	べ	し	ほ	ご	え	が	ぺ	ね	ひ
ま	ぬ	す	け	ば	で	た	じ	し	の	か	あ	ひ	ざ	か	ゅ	ぢ	ん	ら	や
つ	ぬ	り	び	ゆ	ろ	か	し	し	ね	ざ	ね	づ	ぴ	は	な	ば	ご	ぬ	ば
げ	こ	ゆ	お	ぞ	わ	ほ	ぴ	か	こ	ば	ょ	ね	く	ろ	ち	に	ぼ	ん	が
け	や	れ	め	れ	ぞ	ろ	め	め	ぎ	を	へ	も	あ	く	ち	び	る	げ	く
お	ゃ	ど	れ	じ	れ	め	ぞ	ん	み	ぴ	ゃ	せ	む	こ	じ	か	ぴ	ほ	う
の	お	ゅ	こ	で	ど	へ	ご	ど	い	こ	ま	げ	ほ	ち	お	す	み	ゃ	ま
ね	む	ょ	て	だ	だ	わ	ほ	だ	ぶ	さ	ゆ	ゃ	も	て	さ	ど	お	の	ゆ
ひ	ぬ	ん	ち	く	け	ね	あ	け	だ	こ	げ	に	ぞ	ぶ	ぞ	じ	ほ	み	け
ど	ち	ど	は	ち	び	て	し	ん	ぺ	え	き	わ	ゆ	く	と	び	っ	さ	こ
ぼ	か	え	お	の	べ	も	み	み	ょ	ぴ	づ	を	あ	で	あ	ぐ	ひ	も	と
あ	わ	ぴ	も	び	ゅ	し	あ	つ	ふ	て	ぎ	ご	ぱ	よ	た	び	げ	あ	ぱ
へ	ぞ	く	ひ	さ	ち	め	あ	や	き	ょ	ど	お	ぢ	ょ	ま	ぐ	だ	を	ぎ
さ	び	ぐ	ご	ぜ	う	ば	ゅ	げ	で	う	き	ん	ぴ	お	な	さ	ぺ	ほ	に

FAMILY MEMBERS & ADDRESSES; COMPLETE LIST

	Japanese	English		Japanese	English
☐	わたしの	my	☐	おにいさん	older brother
☐	かぞく	family	☐	おとうと	younger brother
☐	つま	wife	☐	いとこ	cousin
☐	おっと	husband	☐	かれし	boyfriend
☐	こども	children	☐	かのじょ	girlfriend
☐	おや	parents	☐	なまえ	name
☐	おとうさん	father	☐	じゅうしょ	address
☐	おかあさん	mother	☐	みち	street
☐	おじいさん	grandfather	☐	まち	town
☐	おばあさん	grandmother	☐	し	city
☐	おじさん	uncle	☐	けん	state/prefecture
☐	おばさん	aunt	☐	くに	country
☐	むすこ	son	☐	ゆうびんばんごう	postal code
☐	むすめ	daughter	☐	けいたいでんわ	mobile telephone
☐	おねえさん	older sister	☐	ばんごう	number
☐	いもうと	younger sister	☐	メール	email

Notes:

© 2016. Knight Publishing, LLC.

FAMILY MEMBERS & ADDRESSES; COMPLETE LIST

そ	ぞ	ん	ち	ふ	あ	と	の	の	ぜ	ろ	ざ	う	ぎ	け	づ	て	ま	よ	も
す	く	さ	る	が	で	れ	っ	し	よ	せ	あ	ご	ん	ず	も	ぎ	じ	ぴ	し
じ	ぶ	う	ら	び	ゃ	だ	ま	ぷ	た	こ	お	ん	み	ふ	ぞ	ど	の	ま	ゆ
の	こ	と	い	ち	に	ね	り	さ	ぼ	わ	ぬ	ば	あ	ゅ	ぼ	ぐ	こ	ゃ	ゆ
ぼ	て	お	ご	わ	せ	く	ぬ	ら	ぜ	せ	そ	だ	に	る	お	づ	ぼ	ぽ	い
ぱ	じ	ゅ	う	し	ょ	は	に	か	そ	ぜ	だ	す	え	い	え	に	も	ご	そ
っ	び	ん	ぐ	れ	べ	ん	さ	じ	お	こ	が	ぷ	ろ	よ	だ	ぬ	い	ぬ	ん
ぬ	や	そ	ざ	ぴ	ぽ	ず	ね	お	ぼ	う	き	う	ど	お	ど	に	び	さ	と
お	へ	ほ	ょ	ね	め	ま	ゆ	れ	わ	ぢ	ぷ	ご	り	ば	も	あ	せ	ほ	ん
く	へ	ど	り	せ	え	で	る	や	ま	ち	あ	ん	ほ	あ	に	そ	づ	お	ぶ
あ	げ	た	け	べ	ゅ	ぬ	げ	づ	な	を	に	ば	さ	ん	さ	ば	お	げ
ず	め	の	い	い	ぴ	ぽ	な	ま	え	や	ぷ	ん	ち	ん	ぬ	ん	ぐ	ひ	よ
づ	る	ぱ	そ	ゅ	も	で	ん	か	と	の	な	び	み	ぷ	ゅ	さ	き	と	ゅ
づ	ゅ	わ	を	べ	く	う	ぐ	ぞ	ゅ	う	ぎ	う	っ	す	つ	い	ぼ	っ	さ
け	や	か	ん	し	へ	ぺ	と	く	ぺ	お	と	ゆ	ぎ	か	ん	じ	な	お	す
ふ	も	の	て	で	び	う	か	ぢ	と	ほ	あ	お	ぎ	れ	か	お	つ	な	も
の	す	じ	ぜ	ぱ	い	ぼ	が	と	ず	ゃ	ぜ	っ	す	し	ぶ	ね	め	ぺ	も
ル	ぼ	ょ	ひ	し	じ	た	き	の	ん	さ	あ	か	お	ね	え	さ	ん	す	ぎ
わ	ー	も	ぜ	ゆ	ぺ	ご	い	む	す	こ	て	た	ゅ	ぽ	べ	ば	む	ざ	む
や	れ	メ	む	じ	ざ	よ	べ	け	り	て	ぺ	ず	に	あ	ぜ	で	や	そ	め

COLORS / BASIC FOOD & DRINK; COMPLETE LIST

	Japanese	English		Japanese	English
☐	くろ	black	☐	たまご	eggs
☐	しろ	white	☐	パン	bread
☐	あか	red	☐	さかな	fish
☐	きいろ	yellow	☐	ぎゅうにく	beef
☐	あお	blue	☐	とりにく	chicken
☐	みどり	green	☐	ぶたにく	pork
☐	ちゃいろ	brown	☐	やさい	vegetables
☐	ピンク	pink	☐	どんぶり	served on rice
☐	オレンジ	orange	☐	くだもの	fruit
☐	はいいろ	grey	☐	アイスクリーム	ice cream
☐	むらさき	purple	☐	チーズ	cheese
☐	テーブル	table	☐	のみもの	drinks
☐	あさごはん	breakfast	☐	ビール	beer
☐	ひるごはん	lunch	☐	コーヒー	coffee
☐	ばんごはん	dinner	☐	ぎゅうにゅう	milk
☐	とんかつ	pork cutlet	☐	ちゃ	tea
☐	おにぎり	rice ball	☐	ワイン	wine
☐	ごはん	rice	☐	コーラ	soda

Notes:

© 2016. Knight Publishing, LLC.

COLORS / BASIC FOOD & DRINK; COMPLETE LIST

ね	ル	く	し	れ	ん	ぼ	よ	じ	む	そ	め	ひ	ざ	ど	ご	で	ー	わ	の
た	ー	ざ	ろ	べ	ぢ	ん	か	え	ん	ら	る	そ	ぽ	の	ゅ	ぢ	ヒ	の	お
ぷ	ビ	さ	い	ば	ぷ	と	は	ぢ	ふ	ご	さ	お	ぞ	て	う	へ	ー	ぶ	に
の	り	ひ	い	ね	い	た	そ	ご	は	ぱ	い	き	あ	さ	ほ	ん	コ	た	ぎ
れ	も	ざ	は	ワ	ぐ	ゆ	ま	ん	ん	あ	れ	え	ぢ	ろ	ま	は	さ	に	り
ゃ	ラ	み	イ	か	ご	に	そ	ご	づ	ば	ど	り	ざ	い	が	ご	だ	く	り
に	ー	ン	の	ぢ	を	う	や	あ	う	げ	く	ろ	ば	ゃ	び	ぜ	ゆ	ぎ	ら
る	コ	び	か	の	り	ご	さ	ぎ	ゅ	う	に	く	の	ち	ぎ	ず	ょ	ゆ	げ
び	や	つ	で	む	こ	ご	ぱ	ゃ	に	ほ	ら	き	し	ろ	え	き	に	せ	ぽ
は	い	か	ぬ	り	は	ち	ぶ	ち	う	ぐ	に	れ	ら	あ	に	く	そ	ぷ	わ
ぐ	じ	ん	す	ん	ざ	ひ	ず	ら	ゅ	す	へ	さ	ぜ	わ	に	ひ	た	の	け
と	ぼ	と	か	あ	け	ば	ゅ	ょ	ぎ	ざ	ジ	ん	の	り	ろ	の	わ	と	ぺ
き	ぱ	の	ほ	さ	り	お	ふ	さ	よ	や	う	ン	と	ン	よ	テ	た	し	へ
ろ	ん	ぞ	ざ	ぶ	ぐ	に	あ	ぽ	ゆ	ぽ	が	さ	レ	パ	ぐ	さ	ー	ぼ	は
い	ぺ	つ	ん	こ	さ	ゆ	み	さ	ク	ぷ	ぼ	く	ょ	オ	ゅ	が	も	ブ	ペ
き	ぜ	ど	を	か	ぢ	び	ど	い	ン	だ	で	む	の	さ	の	か	ぶ	げ	ル
ふ	ぽ	を	な	ろ	ら	ね	り	さ	ピ	た	べ	だ	た	も	び	つ	る	す	ら
つ	を	を	ぜ	ぱ	ま	な	け	や	ざ	ぷ	し	し	す	ま	だ	ぱ	ぺ	に	ぺ
ば	ね	ぺ	よ	あ	せ	そ	ア	イ	ス	ク	リ	ー	ム	ぬ	は	く	も	ん	つ
ぽ	え	ぴ	ぬ	ば	ゆ	え	ゃ	ぬ	ゆ	チ	ー	ズ	え	み	ぴ	あ	ろ	ぴ	る

Part 2: JUST JAPANESE

BASIC WORDS; JUST JAPANESE

	Japanese	English		Japanese	English
☐	はい		☐	どこ	
☐	いいえ		☐	いくら	
☐	ください		☐	どのくらい	
☐	どうぞ		☐	わたし	
☐	ありがとうございます		☐	あなた	
☐	すみません		☐	かれ	
☐	おはようございます		☐	かのじょ	
☐	こんにちは		☐	わたしたち	
☐	こんばんは		☐	かれら	
☐	おやすみなさい		☐	えいご	
☐	いつ		☐	にほんご	
☐	どうやって		☐	アメリカ	
☐	なに		☐	イギリス	
☐	どうして		☐	オーストラリア	
☐	だれ		☐	カナダ	
☐	どの		☐	にほん	

Notes:

BASIC WORDS; JUST JAPANESE

い	ん	で	ず	ゃ	ん	が	ぺ	え	る	ぼ	ぐ	ょ	ざ	べ	ん	も	め	ぞ	そ
な	か	め	の	よ	ち	カ	い	か	ら	ど	れ	か	ぞ	さ	ょ	ぢ	ゅ	ち	ど
か	ず	の	か	た	ナ	ご	お	ち	ろ	う	お	や	す	み	な	さ	い	や	ひ
れ	れ	べ	し	ダ	ゆ	ス	た	は	あ	し	べ	こ	を	へ	そ	い	ゃ	ら	だ
ぬ	ひ	た	わ	ぎ	り	ぷ	こ	り	に	て	う	お	ん	あ	も	さ	さ	せ	ゃ
い	わ	べ	ず	ギ	ば	む	が	れ	ひ	や	ぞ	は	す	に	て	を	の	だ	げ
よ	ず	り	イ	お	わ	と	ぼ	ら	は	い	ゅ	よ	ち	と	ち	ぜ	ア	ぽ	く
や	こ	ち	そ	で	う	り	ょ	い	の	す	ぽ	う	ぽ	ど	わ	は	メ	で	か
ど	ん	ば	ぎ	ご	や	ア	ふ	げ	ぎ	に	ば	ご	ゃ	よ	の	ょ	リ	ば	ん
こ	す	ま	ざ	ょ	ゃ	ベ	リ	す	み	よ	ゅ	ざ	だ	れ	ご	い	カ	た	ん
べ	ぢ	い	し	じ	ち	ぞ	み	ラ	ゃ	と	ち	い	て	を	ん	じ	づ	う	ぜ
ぷ	ま	さ	た	の	あ	ま	ど	が	ト	む	や	ま	ぜ	く	ほ	ぼ	み	か	で
す	ぢ	ぜ	わ	か	せ	た	ょ	ぞ	ゅ	ス	ざ	す	れ	も	に	ざ	れ	て	ろ
ざ	に	へ	び	ん	ん	り	だ	ぱ	ゆ	ば	ー	ひ	げ	ぴ	ぜ	ら	ろ	っ	わ
え	ゃ	よ	ぢ	な	ほ	た	ふ	い	つ	ひ	ら	オ	ば	ご	も	む	ゅ	や	つ
ぜ	そ	ぞ	う	ど	に	な	の	ん	け	あ	ま	て	ま	り	ぶ	は	ど	う	ぜ
よ	も	ご	ほ	む	え	あ	し	そ	こ	こ	ゆ	い	お	ぜ	ん	の	ぢ	ど	れ
を	け	づ	そ	い	わ	ぷ	づ	ば	を	を	て	く	よ	ば	く	な	ざ	か	へ
え	え	せ	が	た	い	ぷ	ど	ゆ	ん	ま	ぢ	ら	ん	ら	に	た	お	ぜ	す
ば	し	わ	ば	る	て	え	お	け	も	く	ぴ	こ	い	ぽ	そ	で	お	ぞ	さ

BASIC NUMBERS; JUST JAPANESE

	Japanese	English		Japanese	English
☐	ゼロ		☐	じゅうご	
☐	いち		☐	じゅうろく	
☐	に		☐	じゅうしち	
☐	さん		☐	じゅうはち	
☐	し		☐	じゅうく	
☐	ご		☐	にじゅう	
☐	ろく		☐	さんじゅう	
☐	しち		☐	よんじゅう	
☐	はち		☐	ごじゅう	
☐	きゅう		☐	ろくじゅう	
☐	じゅう		☐	ななじゅう	
☐	じゅういち		☐	はちじゅう	
☐	じゅうに		☐	きゅうじゅう	
☐	じゅうさん		☐	ひゃく	
☐	じゅうし		☐	せん	

Notes:

BASIC NUMBERS; JUST JAPANESE

は	う	む	つ	ぱ	ご	ど	ち	は	ぷ	し	ほ	ち	ち	い	う	ゅ	じ	ふ	か
や	ぬ	れ	か	ば	ぬ	う	ぜ	ぱ	う	ふ	ち	な	し	は	ば	て	ぬ	に	ご
ば	つ	そ	ら	び	ひ	う	ゅ	ゅ	ぽ	お	ほ	と	す	う	け	じ	っ	う	れ
ぷ	え	か	の	な	わ	れ	じ	じ	や	ぼ	へ	に	る	も	ゅ	ぴ	ん	ゅ	づ
ぞ	だ	ふ	ば	ね	ぱ	ち	し	う	ゅ	じ	う	と	ぱ	う	じ	じ	ご	じ	こ
ぜ	り	な	な	せ	は	い	う	え	ら	ゅ	う	ど	さ	さ	ゅ	い	た	ぢ	ぞ
ぜ	よ	ぬ	ぜ	ぼ	で	つ	ゅ	れ	じ	い	ゅ	ん	か	う	う	み	げ	や	く
せ	ぬ	せ	じ	こ	お	わ	じ	く	み	だ	き	し	ぶ	こ	く	う	せ	ゃ	ぢ
て	ひ	ま	を	が	ば	ぱ	ろ	ぱ	く	し	は	だ	ぶ	か	ば	ぢ	ひ	め	ん
が	ら	な	ぴ	ぺ	ご	へ	な	こ	そ	へ	れ	み	つ	る	ぐ	ぴ	が	ぺ	っ
わ	つ	ぶ	る	ロ	の	を	ひ	の	ま	す	に	ち	ち	ぼ	ざ	だ	よ	よ	さ
ぎ	と	ず	お	ご	ゼ	ど	ま	え	る	い	で	せ	し	ほ	ん	へ	ん	ひ
ぜ	ゅ	ぐ	ず	ば	し	に	ち	ゅ	ぞ	い	よ	ん	え	ろ	と	じ	じ	か	て
ぺ	ろ	ほ	か	む	ぴ	ど	は	の	つ	に	え	ぽ	す	か	ゅ	ち	ゅ	ぬ	ぞ
ょ	き	と	さ	ち	は	せ	う	ゃ	ん	く	ら	ず	の	う	お	な	う	ぐ	ば
ひ	ば	き	ぞ	ぽ	ゃ	ほ	ゅ	へ	よ	ふ	そ	ろ	ぺ	っ	え	っ	ろ	て	や
う	ゅ	じ	な	な	い	ぞ	じ	な	ぶ	め	ご	た	く	え	へ	み	く	み	が
ぺ	ち	ぶ	ま	ち	ぴ	が	そ	な	み	を	に	ち	く	く	げ	に	じ	ゅ	う
で	が	き	ゅ	う	じ	ゅ	う	ご	ぢ	あ	れ	へ	ぱ	に	へ	じ	ば	べ	づ
へ	ぬ	ぞ	し	ん	ぎ	も	う	ゅ	じ	ご	ぽ	く	や	う	う	ゅ	じ	ん	さ

TIME; JUST JAPANESE

	Japanese	English		Japanese	English
☐	げつようび		☐	じゅうがつ	
☐	かようび		☐	じゅういちがつ	
☐	すいようび		☐	じゅうにがつ	
☐	もくようび		☐	じ	
☐	きんようび		☐	はん	
☐	どようび		☐	あさ	
☐	にちようび		☐	ひるま	
☐	いちがつ		☐	よる	
☐	にがつ		☐	よなか	
☐	さんがつ		☐	ごぜん	
☐	しがつ		☐	ごご	
☐	ごがつ		☐	はる	
☐	ろくがつ		☐	なつ	
☐	しちがつ		☐	あき	
☐	はちがつ		☐	ふゆ	
☐	くがつ				

Notes: _____
_____
_____
_____

TIME; JUST JAPANESE

ず	い	ざ	り	に	ゆ	ょ	き	ぼ	い	た	じ	さ	ん	は	を	ん	の	あ	べ
げ	な	ぜ	え	た	て	ん	い	ご	ご	さ	を	あ	め	ら	で	ぜ	い	や	し
ざ	み	め	び	っ	が	ゅ	じ	し	み	れ	ね	む	ん	ぐ	ご	ら	む	た
し	ぽ	し	み	う	ら	た	づ	ぶ	ぐ	よ	げ	に	る	せ	り	の	ゆ	い	ら
ち	ぬ	の	い	ん	よ	で	ず	ゃ	ん	が	き	ん	よ	う	び	は	ぺ	る	ぼ
が	ぐ	ょ	ざ	っ	べ	ち	ん	も	め	ぞ	そ	な	か	め	の	よ	ち	か	ら
つ	れ	か	が	ぞ	さ	ょ	に	ぢ	ゅ	ち	ど	ず	の	か	お	ち	ろ	が	や
が	ひ	ご	つ	れ	べ	ゅ	た	は	べ	を	へ	そ	ゃ	ら	だ	ぬ	ひ	わ	つ
ち	ぎ	ぷ	こ	が	に	う	あ	も	さ	せ	ゃ	い	べ	ず	ば	む	れ	ひ	や
い	ぞ	す	て	っ	く	を	つ	の	げ	よ	ず	り	お	わ	ぼ	ら	じ	ゅ	ち
と	ぜ	ぽ	や	ち	が	ろ	が	そ	っ	で	り	ょ	い	つ	の	は	す	か	ぽ
ぽ	わ	で	つ	が	し	に	ち	か	が	よ	ん	ば	が	ぎ	る	ど	よ	や	ふ
げ	ぎ	き	に	も	ば	ゃ	い	よ	く	ょ	る	ん	ば	ん	こ	う	よ	す	ま
ゃ	あ	べ	く	み	よ	ゅ	う	い	た	ん	さ	べ	ぢ	ち	び	ひ	ぞ	う	ゃ
と	ち	よ	て	を	じ	づ	ゅ	う	ぜ	ぷ	じ	ゅ	う	に	が	つ	る	さ	び
あ	う	ど	が	む	び	よ	じ	や	ぜ	く	ぼ	み	す	で	ぢ	ゅ	ぜ	ま	た
び	ょ	ぞ	ゅ	ざ	な	う	れ	も	ざ	ろ	ざ	に	へ	い	ふ	び	り	だ	ぱ
ゆ	ば	ひ	げ	か	ぴ	ぜ	よ	ろ	わ	え	ゃ	よ	ぢ	な	よ	ふ	ひ	ら	ぱ
ご	も	む	ゅ	つ	ぜ	そ	の	っ	ん	け	あ	ま	て	ま	り	う	ぶ	ぜ	よ
も	ご	ほ	む	え	し	そ	こ	こ	げ	ゆ	な	つ	お	ぜ	ぢ	れ	び	を	け

ADJECTIVES; JUST JAPANESE

	Japanese	English		Japanese	English
☐	おおきい		☐	ちがう	
☐	ちいさい		☐	くらい	
☐	やすい		☐	あかるい	
☐	たかい		☐	うるさい	
☐	はやい		☐	しずか	
☐	おそい		☐	にいがい	
☐	いい		☐	しょっぱい	
☐	わるい		☐	あまい	
☐	あつい		☐	すっぱい	
☐	さむい		☐	はやい	
☐	ちかい		☐	おそい	
☐	とおい		☐	きれい	
☐	ふるい		☐	かわいい	
☐	あたらしい		☐	うつくしい	
☐	ただしい		☐	わかい	

Notes: _____
_____
_____
_____

ADJECTIVES; JUST JAPANESE

ぬ	ゆ	て	し	お	ぢ	を	ぞ	わ	そ	ぶ	か	ざ	る	よ	を	る	ぽ	ぐ	は
ぬ	ね	る	ち	ざ	し	ご	ぞ	く	げ	わ	だ	ま	ち	ゅ	こ	な	し	や	よ
づ	へ	い	ぢ	う	じ	ね	だ	も	ぶ	せ	よ	ぐ	き	さ	い	れ	い	ほ	さ
な	さ	い	そ	お	が	ぺ	あ	け	で	せ	い	い	む	ぱ	ら	ぴ	を	く	ぬ
い	し	ら	た	あ	ぴ	ち	ぜ	ま	ざ	び	ぼ	く	っ	い	れ	ぷ	ぎ	め	を
て	に	こ	ほ	ぶ	ち	ぼ	が	ず	い	や	だ	よ	ゃ	み	そ	て	づ	お	り
を	ら	ぎ	ね	け	す	ご	ね	ぷ	ん	っ	し	ぬ	づ	せ	ぐ	じ	ち	か	ど
ほ	け	の	ぜ	う	べ	い	に	じ	む	づ	お	し	た	げ	ん	と	ね	ひ	す
い	ぱ	わ	っ	よ	い	ひ	す	め	ま	ぐ	か	わ	い	い	わ	る	い	け	ふ
た	む	く	か	や	ぺ	ば	い	や	あ	る	ぴ	へ	る	が	む	ぴ	な	せ	ほ
ぷ	し	さ	は	い	も	づ	の	ら	ぢ	だ	ぺ	の	な	ぱ	ね	あ	あ	つ	い
い	む	う	ぱ	り	ぱ	ゆ	ゆ	つ	く	む	い	わ	べ	ち	む	ぐ	か	で	そ
ぱ	め	に	す	っ	ぱ	い	め	む	し	ろ	い	る	ど	ぐ	ざ	ろ	ず	に	に
か	ぜ	は	づ	ゃ	も	い	げ	を	の	が	そ	そ	か	や	ゃ	け	し	い	ぐ
い	ざ	た	る	る	う	け	ご	ず	れ	べ	お	じ	げ	あ	へ	も	が	じ	ろ
い	な	く	ふ	ぱ	よ	き	ぢ	ぼ	ゃ	た	ん	ゅ	ち	ほ	き	い	わ	う	ぱ
お	ら	る	る	い	を	れ	で	と	ぴ	ほ	だ	か	や	お	ぬ	ち	る	ご	で
と	い	ぷ	わ	ふ	か	い	め	び	ぬ	い	い	し	お	ね	を	さ	ぞ	せ	の
ぎ	り	を	べ	ぽ	が	た	ゅ	で	ぽ	が	づ	き	い	は	い	ぎ	ぶ	じ	れ
ち	さ	ぜ	ぴ	ず	せ	れ	ぶ	で	へ	ぽ	い	き	は	り	ま	で	ぱ	る	ぴ

30 COMMON VERBS; JUST JAPANESE

	Japanese	English		Japanese	English
☐	きます		☐	かんがえます	
☐	わかります		☐	ほしい	
☐	やくす		☐	あげます	
☐	います		☐	つかいます	
☐	です		☐	さがします	
☐	あります		☐	みつかります	
☐	します		☐	つたえます	
☐	いいます		☐	ききます	
☐	もらいます		☐	はたらきます	
☐	とります		☐	ためします	
☐	つくります		☐	かえります	
☐	いきます		☐	でんわします	
☐	しります		☐	よびます	
☐	みます		☐	あいます	
☐	おもいます		☐	はなします	

Notes:

30 COMMON VERBS; JUST JAPANESE

は	じ	い	む	しゃ	せ	ぐ	ぽ	つ	ふ	さ	ず	み	す	が	め	あ	つ	ほ
ぐ	け	ゅ	ざ	じ	り	さ	ぎ	ほ	ひ	に	け	だ	む	ど	で	と	ど	げ	み
く	る	あ	え	そ	が	だ	は	づ	く	む	べ	と	は	れ	ぎ	あ	ほ	ま	そ
に	ぞ	い	ち	し	ふ	め	み	ぴ	す	の	す	ま	り	か	わ	ぱ	る	し	る
ぶ	き	ま	ま	ぢ	よ	い	き	ま	す	ね	め	お	い	お	ゅ	す	け	さ	い
ご	ぴ	す	さ	か	ぽ	ま	い	ぬ	じ	き	が	わ	も	む	よ	い	い	ま	す
ぢ	の	す	ま	きん	か	た	わ	も	ぞ	ほ	い	ゅ	に	べ	に	ぼ	ぴ	き
ま	ぶ	ま	ぜ	が	つ	が	り	ず	い	ぷ	ま	す	た	み	あ	わ	は	す	で
ぶ	つ	げ	ま	み	み	ざ	え	は	け	す	の	ふ	だ	ゃ	べ	た	ま	ぼ	す
て	げ	あ	つ	っ	ぺ	ぽ	え	ま	ゃ	ぺ	ぽ	む	ざ	せ	ら	し	ひ	ぷ	ま
れ	ど	い	か	ぱ	ぽ	ぺ	め	こ	す	む	を	だ	き	き	へ	ら	へ	ぴ	し
の	う	り	へ	ご	ご	ゅ	ふ	で	り	っ	ぞ	ぐ	ま	み	ぜ	め	よ	ざ	わ
は	ま	あ	そ	ょ	ぢ	に	す	お	が	た	こ	す	さ	り	し	る	や	だ	ん
す	し	り	ま	す	ぴ	わ	ま	と	す	え	ゃ	ます	あ	も	く	ほ	ら	で
ふ	す	ぼ	え	ひ	す	う	し	ぴ	ら	ま	く	び	ゅ	せ	す	ら	す	わ	ぎ
か	み	ま	ろ	る	ま	す	な	わ	や	す	り	よ	り	ぬ	ほ	ま	い	む	い
ず	ず	づ	り	ひ	り	ま	は	ろ	ぢ	て	す	く	お	た	き	だ	う	ま	も
ゆ	ば	ず	な	あ	え	し	か	を	ん	べ	ま	へ	っ	き	ぢ	ず	す	わ	す
せ	と	り	ま	す	か	め	め	ゃ	わ	ぺ	み	ど	す	す	ま	い	げ	さ	び
ら	と	え	そ	こ	い	た	て	よ	ぷ	と	ぜ	も	ゅ	み	べ	へ	ゃ	ち	て

OCCUPATIONS: JUST JAPANESE

	Japanese	English		Japanese	English
☐	しょくぎょう		☐	スポーツせんしゅ	
☐	がくせい		☐	けいりし	
☐	かいしゃいん		☐	かんごふ	
☐	アルバイト		☐	だいく	
☐	むしょく		☐	マーケティング	
☐	せんぎょうしゅふ		☐	えいぎょう	
☐	いしゃ		☐	データにゅうりょく	
☐	べんごし		☐	ほけん	
☐	しゃちょう		☐	ふどうさん	
☐	エンジニア		☐	ぎんこういん	
☐	デザイナ		☐	しごと	
☐	きょうし		☐	はたらきます	
☐	うんてんしゅ		☐	つとめます	
☐	コック		☐	べんきょうします	
☐	ひしょ		☐	やめます	

Notes:

OCCUPATIONS: JUST JAPANESE

ゆ	さ	ぎ	う	て	ほ	り	ぎ	し	ん	ゆ	す	ま	め	や	ぼ	ど	を	か	す
ん	い	ゃ	し	い	か	て	ゃ	る	げ	ち	ば	ろ	ぞ	あ	ゆ	か	だ	ま	で
ト	イ	バ	ル	ア	わ	ち	き	す	さ	ひ	み	わ	ぴ	さ	べ	で	し	べ	ふ
べ	ゃ	よ	ぞ	す	ょ	ぞ	い	ば	ま	ろ	み	ぜ	と	た	ど	う	ぞ	ぐ	な
え	ろ	む	く	う	ま	る	わ	せ	ふ	き	ゅ	ぎ	は	つ	ょ	る	へ	な	し
ほ	ふ	ぶ	す	げ	ざ	え	ぬ	っ	く	き	ら	ぺ	ん	き	と	て	か	ス	ご
ぜ	よ	よ	だ	と	え	ち	ゆ	せ	ご	が	や	た	ん	こ	ず	め	ポ	び	ん
も	し	め	へ	を	ぬ	グ	ぱ	づ	ら	し	し	べ	は	ゃ	う	ー	ま	ぼ	べ
か	ひ	へ	よ	エ	く	ン	げ	そ	え	な	だ	わ	け	ど	ツ	い	と	す	て
ば	で	し	ン	ふ	ぱ	ィ	づ	ぜ	ん	の	ほ	ろ	べ	せ	っ	ぱ	ん	ご	め
し	ん	ジ	ぶ	ゅ	い	テ	や	れ	ち	る	ぷ	に	ん	ぜ	こ	よ	も	ら	し
あ	ニ	そ	だ	し	ゃ	ケ	ざ	ち	ゃ	が	ひ	し	ば	せ	ナ	イ	ザ	デ	ま
ア	ば	い	ば	う	し	ー	く	ょ	り	う	ゅ	に	タ	ー	デ	ば	ま	ふ	へ
で	く	ん	は	ょ	い	マ	さ	が	わ	ぬ	ク	る	の	く	ゅ	き	え	ど	む
て	け	せ	ぜ	ぎ	た	が	る	を	ぴ	さ	ッ	ゆ	き	し	ぜ	ゆ	ん	う	ど
ほ	ほ	へ	ん	ん	ほ	ぬ	と	ご	ろ	を	コ	き	ん	ょ	み	ず	ひ	さ	る
づ	ざ	ち	く	せ	へ	う	せ	ょ	ま	ぺ	ょ	て	の	く	ふ	だ	め	ん	も
け	ぴ	ょ	せ	ぞ	う	ょ	ぎ	い	え	う	ん	た	に	ぎ	ご	す	た	ほ	が
ざ	し	ち	お	ぽ	け	ゅ	ぱ	ぬ	し	う	む	ゆ	ょ	ん	え	ふ	り	ま
む	ふ	る	ゃ	き	は	ひ	ぐ	べ	ぱ	ぷ	が	ぬ	れ	う	か	し	り	い	け

CLOTHING; JUST JAPANESE

	Japanese	English		Japanese	English
☐	ふく		☐	ブーツ	
☐	くつ		☐	ながそで	
☐	くつした		☐	はんそで	
☐	ずぼん		☐	たんパン	
☐	ジーンズ		☐	てぶくろ	
☐	スカート		☐	コート	
☐	ドレス		☐	ジャケット	
☐	ベルト		☐	トレーナー	
☐	ワイシャツ		☐	セーター	
☐	したぎ		☐	ハイヒール	
☐	ネクタイ		☐	サンダル	
☐	ぼうし		☐	さいふ	
☐	めがね		☐	かばん	
☐	ピアス		☐	リュックサック	
☐	ゆびわ		☐	マフラー	
☐	ネックレス		☐	うでどけい	
☐	ブレスレット				

Notes:

CLOTHING; JUST JAPANESE

け	ふ	く	つ	み	ば	ぺ	ず	ぎ	い	イ	タ	ク	ネ	ひ	さ	へ	げ	は	べ
ち	れ	ぶ	ぴ	ゅ	み	ぼ	ね	サ	ト	や	ど	じ	セ	ぜ	い	リ	ゆ	く	お
ず	が	コ	ぺ	ぬ	ん	さ	ン	ッ	け	め	で	ー	み	よ	が	ュ	ず	ぱ	し
ろ	ー	い	や	け	ぱ	ダ	ケ	ふ	け	そ	タ	す	つ	も	ち	ッ	ち	ぶ	ぱ
ト	べ	や	け	ン	ル	ャ	ゆ	ば	ん	ー	こ	で	ル	ぺ	べ	ク	ず	ょ	か
で	ぼ	ふ	み	パ	ジ	ぺ	さ	は	び	ぎ	ん	ん	ー	が	ぷ	サ	け	せ	し
ぱ	い	お	う	ん	よ	だ	は	ろ	と	ズ	ば	え	ヒ	を	さ	ッ	が	あ	ぱ
さ	げ	ぢ	そ	た	ぜ	べ	さ	ま	ン	か	ね	つ	イ	ご	ぼ	ク	ら	ろ	ぴ
び	ぐ	ぐ	あ	ひ	り	り	ゃ	ー	も	ブ	も	あ	ハ	る	ゆ	び	わ	さ	ね
が	ら	が	よ	う	ほ	し	ジ	ぢ	レ	ゃ	ぜ	ぞ	と	け	ワ	あ	わ	き	げ
ろ	ゃ	ぷ	ょ	り	ぱ	う	ろ	ス	ま	に	と	ピ	ど	あ	ス	イ	ど	ん	お
ふ	づ	あ	な	う	ぢ	ぼ	レ	い	け	ど	で	う	ア	ざ	つ	レ	シ	す	づ
ぽ	さ	ど	が	も	ぐ	ッ	へ	の	ど	ひ	び	ぴ	あ	ス	ご	る	ド	ャ	ツ
む	ー	く	そ	ろ	ト	は	じ	お	め	ぎ	ス	カ	ー	ト	ね	い	ど	ー	ツ
ふ	び	ナ	で	ろ	く	ぶ	て	ぎ	ぎ	ふ	ろ	ど	べ	ひ	て	の	ブ	い	だ
く	は	む	ー	ご	ぢ	さ	ょ	た	て	ぜ	へ	る	べ	ぐ	を	は	て	ネ	そ
づ	よ	ほ	づ	レ	め	ゆ	し	べ	で	ね	ぱ	ぱ	ぼ	ひ	が	と	て	ッ	う
づ	れ	は	き	か	ト	ぎ	ぱ	え	ル	さ	い	ー	ラ	フ	マ	か	へ	ク	す
え	た	け	む	へ	く	つ	し	た	ぜ	ト	ざ	ら	じ	や	ひ	を	て	レ	そ
お	ぜ	ゅ	じ	ぞ	ひ	ぶ	つ	ょ	め	が	ね	ふ	り	げ	ぶ	ね	わ	ス	ぱ

BODY PARTS; JUST JAPANESE

	Japanese	English		Japanese	English
☐	からだ		☐	ゆび	
☐	かみのけ		☐	おやゆび	
☐	あたま		☐	あし	
☐	みみ		☐	おしり	
☐	め		☐	あし	
☐	はな		☐	あしゆび	
☐	くち		☐	つめ	
☐	くちびる		☐	まつげ	
☐	は		☐	まゆげ	
☐	ひげ		☐	け	
☐	かた		☐	ひじ	
☐	くび		☐	ひざ	
☐	のど		☐	てくび	
☐	むね		☐	あしくび	
☐	おなか		☐	あご	
☐	うで		☐	せなか	
☐	て		☐	こし	

Notes:
_____
_____
_____

BODY PARTS; JUST JAPANESE

を	げ	ぎ	ぐ	む	め	え	け	だ	す	は	お	び	ぬ	ぞ	た	ね	る	あ	よ
ろ	ひ	へ	せ	ず	も	の	ま	で	ぱ	ゃ	ぽ	え	く	は	ど	め	ぬ	め	に	い
ほ	め	い	う	な	み	ら	ど	ぱ	も	ざ	ご	ほ	は	し	だ	ば	ふ	へ	か
ぞ	り	ふ	ふ	か	か	ひ	ぢ	が	ま	あ	ひ	と	ま	な	あ	つ	ぜ	む	ば
け	ご	ゃ	ぶ	せ	を	ぶ	ぜ	ぷ	そ	ぶ	だ	ぴ	で	び	ゃ	せ	ほ	く	と
こ	し	て	ざ	ぞ	す	げ	る	き	だ	て	ど	こ	ぬ	ひ	る	ず	そ	び	ご
ぽ	い	ゅ	ぐ	す	か	な	ぎ	で	は	む	く	ぜ	つ	ゅ	つ	じ	た	ぷ	な
く	ち	い	ず	し	え	あ	ま	ゅ	ま	や	や	び	き	ん	ぐ	ま	ひ	お	よ
ば	を	お	し	り	ひ	え	り	と	ゆ	ど	れ	き	か	は	げ	ぜ	や	ど	で
に	ど	ゅ	じ	づ	ず	ば	ど	べ	べ	わ	よ	た	く	み	ぢ	ゅ	ゆ	す	あ
よ	ぜ	お	き	め	ぎ	だ	の	し	さ	え	ま	い	け	ぺ	び	ゅ	え	ま	べ
ゅ	ゆ	い	つ	も	ょ	ぜ	ゆ	び	い	づ	さ	ま	ゃ	ん	ぺ	り	た	ゆ	ぬ
ぜ	ま	る	あ	ね	へ	く	べ	つ	じ	し	ら	げ	っ	ぽ	ぜ	ゅ	ほ	げ	ぴ
ぎ	み	に	て	た	む	は	め	に	ん	げ	て	か	ん	げ	れ	ぴ	が	ず	ゃ
み	よ	だ	じ	ぽ	ま	た	ゃ	べ	ふ	べ	ろ	れ	ら	う	ら	び	ぱ	る	せ
て	た	ざ	お	ぱ	ゃ	え	ゅ	う	は	び	ん	ら	で	だ	お	ぽ	び	こ	へ
え	す	な	よ	の	ね	ょ	や	ゆ	ち	ゅ	ぎ	す	れ	ろ	だ	ち	よ	あ	ま
む	か	こ	あ	づ	ざ	び	ゅ	あ	よ	し	わ	ざ	ざ	あ	く	ぴ	り	み	け
ぶ	ぢ	ら	ご	け	ば	ず	し	う	や	あ	ぱ	か	す	た	し	け	ふ	け	ほ
ひ	ぐ	ざ	べ	が	ぬ	だ	む	ぽ	め	ぜ	た	す	め	せ	ひ	そ	ぷ	そ	め

FAMILY MEMBERS & ADDRESSES; JUST JAPANESE

	Japanese	English		Japanese	English
☐	わたしの		☐	おにいさん	
☐	かぞく		☐	おとうと	
☐	つま		☐	いとこ	
☐	おっと		☐	かれし	
☐	こども		☐	かのじょ	
☐	おや		☐	なまえ	
☐	おとうさん		☐	じゅうしょ	
☐	おかあさん		☐	みち	
☐	おじいさん		☐	まち	
☐	おばあさん		☐	し	
☐	おじさん		☐	けん	
☐	おばさん		☐	くに	
☐	むすこ		☐	ゆうびんばんごう	
☐	むすめ		☐	けいたいでんわ	
☐	おねえさん		☐	ばんごう	
☐	いもうと		☐	メール	

Notes:
_____
_____
_____
_____

び	こ	る	ふ	ぱ	け	ぜ	き	べ	は	じ	い	む	し	ゃ	せ	ぐ	ぽ	つ	ふ
さ	ず	み	が	め	あ	お	つ	ほ	ぐ	け	こ	ゅ	ざ	じ	り	ぎ	ほ	ひ	に
け	だ	か	む	ど	ね	と	ど	げ	み	す	く	る	え	そ	だ	は	づ	く	む
ぺ	と	ぞ	は	え	れ	ぎ	あ	ま	む	お	っ	と	う	も	い	そ	に	ぞ	ち
ふ	に	く	さ	め	み	ぴ	の	う	ぱ	る	る	ぶ	き	か	ぢ	よ	ね	め	お
く	い	ん	ゅ	お	す	け	ご	さ	ご	ぴ	さ	ぽ	の	ま	ぬ	か	れ	し	じ
き	が	わ	ん	け	と	ん	ル	ー	メ	む	ょ	じ	ぢ	の	た	わ	も	ぞ	う
ほ	ゅ	も	に	べ	ば	う	に	ぼ	ま	ぴ	ょ	き	ま	ぶ	ぜ	が	け	り	ご
ず	い	ど	ぷ	す	じ	た	さ	み	あ	つ	わ	で	ぶ	つ	ま	い	み	ざ	ん
は	け	こ	の	ゅ	ふ	だ	ゃ	ん	べ	ぼ	て	げ	つ	ぺ	た	し	ぽ	え	ば
ゃ	ぺ	ぽ	う	む	ざ	せ	ひ	ぷ	れ	ど	い	ぱ	ぽ	い	ぺ	め	こ	む	ん
を	だ	し	き	へ	ら	へ	ぴ	の	う	お	へ	ご	で	ご	ゅ	ふ	で	り	び
ぞ	ょ	ぐ	み	ぜ	め	よ	ん	ざ	は	に	あ	ん	そ	ょ	ぢ	み	ち	に	う
お	わ	た	し	の	が	こ	さ	さ	り	い	わ	こ	し	る	お	だ	ぴ	わ	ゆ
と	ゃ	す	あ	ほ	ん	ら	あ	ふ	ぼ	さ	え	と	ひ	う	ぴ	と	ら	く	ゆ
せ	わ	め	ぎ	か	さ	ん	か	み	ろ	ん	る	い	ん	わ	や	り	う	ぬ	ほ
む	い	ず	す	ず	い	さ	お	づ	ひ	ろ	ぢ	さ	て	お	ち	た	だ	と	う
も	ゆ	ば	ず	む	じ	あ	え	ま	な	な	じ	か	を	ま	ん	べ	へ	ぢ	ず
す	お	ば	さ	ん	お	ば	わ	せ	め	お	ゃ	わ	ぺ	ど	や	お	す	げ	さ
び	ら	と	え	そ	こ	お	い	て	よ	ぷ	と	ぜ	も	ゅ	み	べ	へ	ゃ	ち

COLORS / BASIC FOOD & DRINK; JUST JAPANESE

	Japanese	English		Japanese	English
☐	くろ		☐	たまご	
☐	しろ		☐	パン	
☐	あか		☐	さかな	
☐	きいろ		☐	ぎゅうにく	
☐	あお		☐	とりにく	
☐	みどり		☐	ぶたにく	
☐	ちゃいろ		☐	やさい	
☐	ピンク		☐	どんぶり	
☐	オレンジ		☐	くだもの	
☐	はいいろ		☐	アイスクリーム	
☐	むらさき		☐	チーズ	
☐	テーブル		☐	のみもの	
☐	あさごはん		☐	ビール	
☐	ひるごはん		☐	コーヒー	
☐	ばんごはん		☐	ぎゅうにゅう	
☐	とんかつ		☐	ちゃ	
☐	おにぎり		☐	ワイン	
☐	ごはん		☐	コーラ	

Notes:

ろ	ご	ふ	じ	ぢ	ぴ	ぽ	ぞ	ン	パ	か	し	ほ	へ	び	ぺ	と	び	ぐ	む
ク	ぽ	ろ	ず	め	あ	だ	イ	く	さ	ぎ	あ	テ	ー	ブ	ル	じ	じ	ず	つ
こ	ン	ら	い	ね	さ	ワ	め	ま	に	づ	し	さ	び	あ	ば	の	さ	ほ	ご
わ	み	ピ	さ	き	ご	の	と	こ	の	う	ろ	へ	む	な	ゅ	あ	ぴ	あ	ま
ぐ	す	ら	お	ゃ	は	え	ろ	ど	に	も	ゅ	ぢ	ち	ら	お	ず	な	む	た
せ	こ	ぜ	ぜ	な	ん	ぷ	じ	い	あ	や	だ	ぎ	つ	し	さ	く	て	の	の
わ	う	ゃ	は	い	い	ろ	ょ	け	ゃ	ど	を	く	ろ	が	あ	き	も	う	い
へ	う	ゆ	せ	だ	か	う	ぜ	り	ず	ち	ぢ	あ	と	ぼ	は	み	が	こ	も
す	う	ゅ	ん	ち	ん	は	ご	る	ひ	が	ち	つ	は	ぱ	の	ぷ	チ	ま	ら
ち	か	ぎ	に	べ	ね	が	ぢ	り	ゆ	ぐ	て	ろ	ば	ほ	ゆ	ず	ー	り	を
ゃ	す	ぼ	ゆ	う	ゅ	と	ぞ	ぱ	て	ぽ	ゆ	り	づ	ん	お	ひ	ズ	ど	コ
わ	や	い	ゃ	ゃ	ゅ	ぴ	ぐ	ぺ	お	で	や	ほ	づ	り	ご	ぶ	ほ	み	ー
ジ	さ	ぼ	ぐ	る	ゅ	ぎ	ぼ	ろ	ほ	ひ	ぜ	ぎ	ら	つ	く	は	げ	め	ラ
や	ン	ょ	そ	の	ビ	ず	ム	て	ど	ぼ	お	あ	ぬ	か	り	な	ん	そ	し
ぶ	ぴ	レ	ぱ	ぞ	ー	ふ	ら	ー	ふ	く	ー	ぞ	ら	ん	れ	ぎ	と	あ	な
ぽ	ょ	め	オ	づ	ル	ぜ	と	び	リ	ヒ	ど	て	け	と	え	し	に	か	か
お	づ	さ	り	ど	ぎ	り	え	ろ	ー	ク	く	に	た	ぶ	ば	も	さ	お	き
ぐ	ど	い	ん	こ	に	べ	く	コ	ご	け	ス	ぞ	る	ぱ	ひ	に	ぼ	む	て
ぐ	ん	ぶ	が	く	か	ゃ	ざ	つ	よ	は	ひ	イ	が	と	み	り	さ	す	ひ
ひ	り	や	と	た	れ	え	ら	ん	た	ち	ん	つ	ア	む	あ	ぎ	こ	や	み

Part 3: JUST ENGLISH

BASIC WORDS; JUST ENGLISH

Japanese	English	Japanese	English
☐	yes	☐	where
☐	no	☐	how much
☐	please (give me)	☐	how many
☐	please (go ahead)	☐	I
☐	Thank you.	☐	you
☐	Excuse me.	☐	he
☐	Good morning.	☐	she
☐	Good afternoon.	☐	we
☐	Good evening.	☐	they
☐	Good night. (sleep well)	☐	English
☐	when	☐	TL
☐	how	☐	US
☐	what	☐	UK
☐	why	☐	Australia
☐	who	☐	Canada
☐	which	☐	Japan

Notes:
_____
_____
_____
_____

BASIC WORDS; JUST ENGLISH

ぢ	く	を	ず	づ	で	な	ん	や	み	ほ	ぷ	ち	た	し	た	わ	ご	ぶ	ペ
が	い	ふ	ぢ	の	ざ	ろ	こ	ゆ	あ	は	ん	れ	ぺ	の	な	ご	む	の	ん
ど	う	や	っ	ぽ	ぶ	ん	ち	て	ぬ	ど	こ	び	っ	い	び	ん	つ	ぴ
よ	じ	い	ゆ	げ	ね	が	に	せ	し	ん	ほ	に	お	つ	よ	せ	ぼ	ぽ	だ
し	ふ	ぼ	も	え	い	ち	い	さ	だ	く	は	こ	し	ど	け	あ	な	と
が	ま	ぽ	ろ	ゃ	は	ぐ	は	カ	ひ	に	よ	び	ん	ぽ	た	な	か	ど	そ
る	え	し	ゅ	ょ	ゅ	ぢ	び	ナ	ゅ	う	ば	ぷ	ば	ぼ	た	わ	い	う	ど
ど	ぎ	い	い	ら	く	の	ど	ダ	ご	じ	い	は	ん	は	て	ゅ	ぺ	っ	づ
ぷ	も	れ	ご	か	げ	だ	ぢ	ざ	ど	は	び	う	は	け	こ	イ	ギ	リ	ス
く	く	ぺ	れ	め	じ	な	い	わ	さ	う	す	ご	ど	ろ	ん	と	ぜ	め	て
ぞ	ぎ	さ	ず	ぬ	に	ま	ん	め	さ	ぐ	し	し	こ	ぽ	で	す	ぜ	し	っ
ゃ	け	ん	の	び	す	ぢ	ざ	ほ	の	き	ぐ	て	だ	ど	の	ま	ご	ざ	む
ぷ	カ	リ	メ	ア	よ	い	れ	け	ア	ね	を	ぢ	ろ	す	し	い	が	み	う
け	お	か	ほ	は	す	ぞ	わ	く	え	リ	ぐ	た	ど	み	ぽ	ざ	ベ	う	く
よ	れ	ず	い	さ	な	み	す	や	お	ち	ラ	え	ベ	ま	ぢ	ご	れ	ま	の
ら	じ	ゅ	ど	に	ゅ	い	く	ら	を	は	の	ト	ね	せ	も	う	わ	す	め
れ	し	の	ゆ	え	ぢ	て	さ	う	に	ざ	ぞ	ょ	ス	ん	ぺ	と	ぢ	づ	け
ど	だ	ぴ	か	だ	む	か	あ	ほ	げ	ほ	ど	ぺ	ね	ー	ぶ	が	で	う	ゅ
ど	う	う	ふ	い	ぎ	ま	ん	ぢ	う	び	た	お	ま	ら	オ	リ	と	び	え
の	ゆ	ぞ	に	ほ	ざ	ご	び	ぢ	わ	り	へ	も	そ	そ	ず	あ	げ	む	そ

BASIC NUMBERS; JUST ENGLISH

Japanese	English	Japanese	English
☐	zero	☐	fifteen
☐	one	☐	sixteen
☐	two	☐	seventeen
☐	three	☐	eighteen
☐	four	☐	nineteen
☐	five	☐	twenty
☐	six	☐	thirty
☐	seven	☐	forty
☐	eight	☐	fifty
☐	nine	☐	sixty
☐	ten	☐	seventy
☐	eleven	☐	eighty
☐	twelve	☐	ninety
☐	thirteen	☐	hundred
☐	fourteen	☐	thousand

Notes:

BASIC NUMBERS; JUST ENGLISH

づ	な	れ	ば	し	じ	ぷ	を	ち	お	た	そ	ろ	そ	そ	じ	ぴ	ふ	う	ロ
ざ	に	ぎ	ぞ	ぼ	ゅ	ぼ	で	と	く	お	く	ぶ	さ	ぶ	み	ゅ	ゆ	ぴ	ゼ
め	の	ぎ	し	び	う	め	よ	が	と	じ	る	じ	ゅ	う	に	じ	う	を	だ
ち	は	う	ゅ	じ	く	ひ	ゃ	く	ゅ	ぞ	じ	し	れ	づ	う	は	な	し	ま
お	べ	ず	む	ん	な	た	の	う	え	び	て	う	も	ゅ	さ	ば	ほ	ぜ	ち
そ	ら	ず	せ	よ	よ	ゅ	だ	す	ね	ぷ	げ	ゅ	き	そ	ど	え	ざ	う	こ
き	ん	ひ	を	ち	か	ぬ	お	や	こ	て	ぢ	じ	ろ	と	ぽ	べ	こ	に	げ
り	に	さ	ん	じ	ゅ	う	ま	わ	ぢ	わ	ち	じ	お	づ	は	に	く	ろ	ぴ
ご	る	ら	べ	じ	ゅ	う	ろ	く	ん	い	む	び	ゅ	よ	こ	ろ	じ	ご	け
な	ん	ぞ	む	ど	じ	り	み	よ	し	ふ	め	ゃ	は	う	る	づ	せ	ゅ	あ
け	え	ち	て	や	げ	よ	こ	ち	ん	ど	だ	ち	に	ぼ	ね	さ	さ	へ	う
あ	ぴ	を	め	あ	つ	び	ふ	し	い	を	べ	ょ	ち	う	や	ん	ぷ	く	も
ろ	の	の	ゃ	て	ご	う	ゅ	じ	に	を	ぶ	う	る	ゅ	の	が	り	ふ	や
ぼ	け	が	し	う	ゅ	じ	な	な	て	け	く	ゅ	ぐ	じ	づ	れ	ら	ょ	や
ゆ	く	づ	む	ば	わ	ぷ	も	ご	ゃ	む	ぢ	じ	ど	ご	お	じ	み	っ	ぢ
ぜ	う	な	は	す	こ	ず	や	な	す	ん	つ	ん	ね	ち	ょ	ぐ	が	ゅ	お
の	ゅ	ん	さ	う	ゅ	じ	ぴ	う	ね	ぬ	す	よ	む	な	ぷ	っ	と	ゃ	じ
ふ	じ	な	げ	ま	げ	い	ゅ	ぐ	な	ゃ	じ	ゅ	う	い	ち	こ	ご	め	わ
ど	ち	ふ	れ	ろ	く	き	う	な	が	ん	ま	ひ	ず	い	あ	ん	じ	な	ぞ
づ	は	ご	に	を	や	く	め	く	ち	は	が	し	ぐ	が	ざ	び	じ	ひ	と

TIME; JUST ENGLISH

Japanese	English	Japanese	English
☐	Monday	☐	October
☐	Tuesday	☐	November
☐	Wednesday	☐	December
☐	Thursday	☐	o'clock
☐	Friday	☐	half past
☐	Saturday	☐	morning
☐	Sunday	☐	noon
☐	January	☐	evening
☐	February	☐	midnight
☐	March	☐	AM
☐	April	☐	PM
☐	May	☐	Spring
☐	June	☐	Summer
☐	July	☐	Autumn/Fall
☐	August	☐	Winter
☐	September		

Notes:

TIME; JUST ENGLISH

ど	ぼ	れ	み	ぢ	む	く	ょ	ゃ	だ	ね	ぴ	ね	じ	つ	が	し	な	ち	に
び	う	よ	い	す	く	ら	よ	や	な	ん	て	び	よ	え	ば	め	ね	ち	ず
し	ち	が	っ	が	ぱ	ざ	な	じ	ぽ	よ	ぶ	ほ	す	づ	ち	ゃ	ざ	げ	ふ
ぽ	あ	ぴ	つ	ふ	ら	ゆ	か	み	へ	へ	ゆ	あ	さ	く	へ	じ	つ	け	え
め	そ	う	び	と	ず	は	い	ご	つ	ん	は	ん	ご	で	で	ゅ	く	げ	げ
え	き	ぶ	ぼ	ま	れ	じ	ず	ご	さ	ぐ	が	を	ぜ	ゅ	つ	う	ぢ	く	を
ず	あ	づ	で	な	ん	は	ゃ	み	ほ	っ	ひ	ぷ	ん	ご	ぶ	い	ぺ	が	い
ふ	ぢ	き	の	ざ	ち	び	う	よ	く	も	ろ	る	ゆ	あ	は	ち	ん	れ	べ
の	な	ご	む	が	の	ん	ぽ	ぶ	よ	ち	て	ぬ	ま	ど	こ	が	び	っ	つ
び	ん	つ	ぴ	よ	じ	び	い	ゆ	る	げ	ね	が	せ	し	っ	よ	が	せ
ぼ	ぽ	だ	し	ふ	ぼ	う	も	び	じ	じ	ゅ	う	が	つ	ど	け	ち	な	と
が	ま	ぽ	ゆ	ろ	よ	ゃ	は	う	ぐ	ひ	に	び	ぽ	か	ど	い	そ	る	し
ゆ	よ	ゅ	ふ	ん	ぢ	び	ゅ	よ	ば	ぷ	ぼ	い	う	ご	ど	ど	ぎ	じ	は
は	て	ゅ	き	ぺ	つ	づ	び	ち	ぶ	も	れ	げ	だ	が	ぢ	び	う	け	こ
く	く	ぺ	め	じ	わ	う	う	に	さ	す	ご	ど	ろ	っ	ん	と	ぜ	め	て
ぞ	ぎ	さ	ず	さ	よ	ぬ	よ	ん	め	さ	ぐ	っ	し	ぽ	で	ぜ	し	つ	ゃ
け	ん	の	あ	つ	ど	び	か	つ	ぢ	ざ	ほ	の	が	つ	が	に	う	ゅ	じ
き	ぐ	だ	げ	の	よ	ご	ざ	な	む	ぷ	よ	い	れ	く	つ	る	け	ね	を
ぢ	ろ	し	が	み	う	う	け	お	ほ	は	す	ぞ	わ	が	ろ	は	く	え	ぐ
た	ど	ぽ	べ	う	び	く	ず	ち	え	べ	ぢ	れ	に	ま	の	ゅ	ど	に	ゅ

ADJECTIVES; JUST ENGLISH

Japanese	English	Japanese	English
☐	big	☐	wrong
☐	small	☐	dark
☐	cheap	☐	light
☐	expensive	☐	noisy
☐	early	☐	quiet
☐	late	☐	bitter
☐	good	☐	salty
☐	bad	☐	sweet
☐	hot	☐	sour
☐	cold	☐	fast
☐	near	☐	slow
☐	far	☐	clean
☐	old	☐	cute
☐	new	☐	beautiful
☐	right	☐	young

Notes:

ADJECTIVES; JUST ENGLISH

ぼ	い	ど	を	か	て	る	げ	い	ち	ば	ろ	ぞ	あ	ゆ	か	だ	で	わ	き
さ	ひ	か	み	わ	ぴ	さ	か	は	や	い	べ	で	わ	べ	や	ふ	べ	や	よ
た	ぞ	す	た	ぞ	あ	わ	ば	ろ	み	ぜ	と	る	た	ど	ぞ	す	ぐ	な	え
だ	ろ	む	く	か	ま	る	わ	ふ	ゆ	は	い	る	へ	な	い	ほ	い	ふ	ぶ
し	い	す	る	げ	ざ	え	ぬ	つ	き	ぺ	て	か	ぜ	よ	だ	い	と	え	ち
い	れ	い	ゆ	せ	ご	や	ず	び	も	め	へ	を	ぬ	ぱ	う	づ	わ	ら	し
し	き	ゃ	ぼ	か	へ	よ	く	げ	そ	え	な	だ	わ	る	け	ど	て	か	ば
で	し	ぱ	づ	ぜ	ん	の	ほ	ろ	べ	つ	い	ぱ	さ	め	し	お	ん	ぶ	い
う	つ	く	し	い	や	れ	ち	る	ぷ	か	に	い	ぜ	こ	お	よ	も	ら	あ
そ	ざ	ち	ゃ	が	ひ	ば	せ	ま	ち	ば	ば	ま	き	へ	で	は	さ	が
わ	ぬ	る	あ	の	く	き	え	む	て	せ	ぜ	た	い	が	る	を	ぴ	さ	ゆ
き	う	ぜ	ゆ	た	ん	ど	い	ほ	へ	ん	い	ほ	ぬ	い	と	ご	ろ	を	み
ず	ひ	が	い	る	ら	づ	ざ	ま	ち	へ	む	う	せ	よ	ま	い	ぺ	の	だ
め	も	け	ち	そ	ぴ	し	せ	ぞ	あ	た	さ	い	ぱ	っ	す	に	お	す	た
ほ	が	ざ	ち	お	お	ぽ	い	し	け	ゅ	ぱ	ぬ	む	ゅ	ゅ	え	ふ	と	り
ま	ふ	る	ゃ	い	き	は	ょ	ひ	い	ぐ	べ	い	ぱ	あ	つ	い	ぷ	が	ぬ
れ	そ	ぺ	や	ら	ほ	っ	づ	し	い	る	ろ	そ	い	い	り	を	ゅ	ら	ち
ぼ	ぬ	は	づ	ぐ	ぱ	い	だ	た	に	ら	ふ	お	が	で	て	く	お	え	い
ゃ	と	ぶ	ど	い	す	ざ	ぽ	め	く	ざ	く	ぐ	い	か	べ	し	ず	か	さ
だ	よ	お	あ	ぼ	ゅ	と	け	う	ひ	せ	ふ	に	ひ	し	ば	る	せ	い

30 COMMON VERBS; JUST ENGLISH

Japanese	English	Japanese	English
☐	come	☐	think about
☐	understand	☐	want
☐	translate	☐	give
☐	be (animate objects)	☐	use
☐	copula	☐	look for
☐	have	☐	find
☐	do	☐	tell
☐	say	☐	ask/hear/listen
☐	get (receive)	☐	work
☐	take	☐	try
☐	make	☐	leave/go home
☐	go	☐	call (phone)
☐	know	☐	call (aloud)
☐	see/look/watch	☐	meet
☐	think (feel)	☐	talk

Notes:

30 COMMON VERBS; JUST ENGLISH

ざ	ほ	ぢ	ね	い	く	ね	ふ	ん	ね	ば	ぷ	じ	あ	よ	め	よ	ろ	そ	く
こ	ら	ず	あ	げ	ま	す	ぢ	ろ	し	ま	す	い	ぺ	き	た	で	ら	つ	お
す	め	げ	の	げ	り	て	ぱ	る	に	の	ま	で	ん	わ	し	ま	す	こ	む
お	ま	の	ま	ず	べ	ろ	ぬ	た	り	す	い	ぶ	あ	よ	す	ほ	ば	げ	ぎ
べ	ろ	い	さ	ぎ	と	が	め	さ	す	ら	い	ち	ょ	り	ふ	き	し	り	き
お	ひ	ほ	か	だ	ん	し	が	え	す	が	え	ぱ	す	へ	ま	げ	せ	い	べ
て	ぽ	や	づ	つ	ま	し	じ	ま	こ	ゅ	ゃ	す	ま	み	な	す	み	く	ぬ
る	く	が	ゆ	す	ま	お	き	へ	す	な	ゅ	ん	り	あ	し	む	ふ	れ	ぷ
す	ご	た	き	す	も	ら	す	き	い	ま	す	ぜ	え	み	お	で	す	ぐ	を
や	な	よ	げ	い	た	せ	ば	ま	ど	べ	だ	ち	か	ん	で	る	す	で	と
よ	け	は	ま	は	き	ん	す	わ	え	す	ま	り	く	っ	じ	ぜ	ま	ゅ	さ
す	ぴ	す	や	よ	ん	あ	す	ま	ぎ	た	ぞ	げ	ご	て	ば	ち	し	ゃ	と
が	ま	ね	ど	さ	ぜ	ま	さ	へ	り	け	っ	ぶ	ぽ	す	も	ふ	な	で	ぞ
ぱ	ば	き	は	ゃ	い	や	す	け	わ	か	が	そ	ま	ょ	ぢ	ぽ	は	い	ぬ
ざ	き	く	い	ら	ち	ぐ	て	か	ぎ	ほ	つ	え	ぢ	へ	ま	は	お	と	れ
ぽ	ら	い	も	り	っ	ぎ	り	む	ほ	こ	が	み	ぜ	え	で	み	の	ぱ	ぶ
ど	ち	ゃ	す	ま	き	ま	べ	け	さ	ん	よ	す	ま	り	し	め	ひ	ぺ	べ
ぞ	ま	ぽ	い	ぼ	す	き	ぞ	こ	か	つ	わ	び	す	ま	り	と	ひ	た	ぷ
う	た	ぼ	り	ぽ	ぷ	ぱ	あ	な	ろ	で	は	さ	ま	ぼ	っ	て	こ	ざ	ぢ
よ	あ	ら	び	べ	げ	が	し	ど	き	す	ま	き	き	す	た	め	ぼ	む	る

OCCUPATIONS; JUST ENGLISH

Japanese	English	Japanese	English
☐	occupation	☐	athlete
☐	student	☐	accountant
☐	office worker	☐	nurse
☐	part-time worker	☐	carpenter
☐	unemployed	☐	marketing
☐	homemaker	☐	sales
☐	medical doctor	☐	data entry
☐	lawyer	☐	insurance
☐	company president	☐	real estate
☐	engineer	☐	banker
☐	designer	☐	job
☐	teacher	☐	to work
☐	driver	☐	to be employed (by)
☐	chef	☐	to study
☐	secretary	☐	to quit

Notes: _____

_____

_____

OCCUPATIONS; JUST ENGLISH

よ	な	ぜ	し	し	ぢ	ざ	ぜ	や	ひ	デ	ゆ	う	よ	ぎ	い	え	て	ろ	が
を	た	け	う	け	ぞ	ん	め	ょ	る	し	ー	す	っ	と	め	ま	す	し	ょ
ろ	の	ょ	ぴ	い	ほ	ま	い	た	せ	こ	ょ	タ	ぞ	ら	ら	ぴ	く	だ	ら
こ	き	ア	ぬ	り	す	る	け	ま	し	け	マ	ろ	に	る	じ	ど	ぱ	わ	ら
ゃ	ぜ	ル	さ	し	げ	め	は	ゃ	ぞ	き	ー	ぷ	ひ	ゅ	づ	ゅ	て	よ	お
る	た	バ	こ	り	り	し	ち	う	か	に	ケ	ず	じ	ぼ	う	ぎ	で	だ	ぎ
づ	ゅ	イ	む	よ	ぢ	ょ	ょ	ん	ろ	ベ	テ	ぐ	ゅ	ゆ	ま	り	び	さ	あ
ぺ	し	ト	よ	っ	う	ぎ	ご	ぞ	と	エ	ィ	ど	し	も	ま	ず	ょ	め	を
ゆ	ん	い	こ	ん	く	ふ	と	し	ペ	ン	ほ	ん	た	ど	こ	ぜ	く	ぎ
ざ	て	ん	と	ょ	へ	ぺ	び	ぞ	む	ジ	グ	ぐ	せ	い	も	び	じ	ん	ち
す	ん	べ	し	ん	さ	う	ど	ふ	さ	ニ	あ	は	ツ	ひ	ゅ	ぬ	こ	ふ	ぞ
ぼ	う	せ	む	べ	い	し	ゃ	ら	た	ア	ら	げ	ー	ぽ	ま	う	か	べ	ぞ
せ	ん	ぎ	ょ	う	し	ゅ	ふ	ん	そ	べ	じ	む	ポ	る	い	へ	ね	き	づ
や	う	と	す	り	る	み	ず	ん	け	せ	ん	ゃ	ス	ん	ど	な	だ	ぎ	ぷ
で	ば	ぐ	り	か	く	ほ	よ	ょ	あ	ほ	く	き	へ	じ	げ	ば	ぼ	い	び
し	が	か	が	い	ぐ	び	ぺ	ぞ	す	コ	ッ	ク	ょ	さ	し	ご	ん	べ	く
ぼ	ほ	く	す	し	べ	と	ご	ふ	た	ひ	し	ご	と	う	づ	く	ょ	し	む
の	せ	り	み	ゃ	ふ	ゆ	せ	さ	ぶ	そ	ぎ	に	く	で	し	に	ょ	よ	ろ
い	が	げ	に	い	づ	ん	や	す	ま	き	ら	た	は	て	ゃ	ま	ぜ	つ	る
け	ぜ	ば	ろ	ん	ほ	や	ば	び	な	ナ	イ	ザ	デ	に	ぎ	だ	す	め	を

CLOTHING; JUST ENGLISH

Japanese	English	Japanese	English
☐	clothing	☐	boots
☐	shoes	☐	long sleeve
☐	socks	☐	short sleeve
☐	pants	☐	shorts
☐	jeans	☐	glove
☐	skirt	☐	coat
☐	dress	☐	jacket
☐	belt	☐	sweatshirt
☐	dress shirt	☐	sweater
☐	underwear	☐	high heels
☐	necktie	☐	sandals
☐	hat	☐	wallet/purse
☐	glasses	☐	bag
☐	earring	☐	backpack
☐	ring	☐	scarf
☐	necklace	☐	watch
☐	bracelet		

Notes:

CLOTHING; JUST ENGLISH

ぢ	ま	む	む	ツ	ぼ	べ	ず	え	た	ひ	べ	さ	や	ト	ル	べ	え	め	め
ご	ぬ	ぬ	ー	で	だ	え	べ	し	ら	む	べ	づ	ょ	ね	ず	す	ぽ	こ	し
や	で	ブ	ワ	イ	シ	ャ	ツ	ね	お	ほ	を	わ	め	げ	ぬ	れ	ふ	い	さ
を	そ	ゅ	う	ト	ぶ	ぺ	ず	じ	ぴ	ぶ	で	ね	あ	ぱ	ぺ	り	て	む	じ
ふ	が	ど	ー	で	れ	つ	ん	ぼ	ず	ろ	ぎ	ど	が	な	て	ち	と	ぎ	き
ご	な	コ	ち	こ	ど	く	ず	ネ	ド	ぶ	え	た	び	め	ぷ	こ	ん	ご	ぞ
は	ぼ	ト	ど	な	ぽ	ぞ	ク	レ	ゃ	ぎ	ゆ	ぷ	し	ー	ナ	ー	レ	ト	せ
ん	さ	ッ	を	ひ	も	タ	ス	べ	れ	じ	の	て	わ	べ	ら	ス	セ	ほ	む
そ	こ	レ	が	る	イ	ぱ	お	ス	ア	ピ	え	ぶ	び	づ	レ	ま	ー	ん	べ
で	ょ	ス	に	ね	れ	ゅ	こ	サ	ン	ダ	ル	く	ゆ	ク	ね	ぴ	タ	が	が
ら	も	レ	む	は	ょ	で	ぱ	ト	ぼ	ぞ	ゆ	ろ	ッ	し	は	ゅ	ー	ぞ	が
お	た	ブ	し	す	ふ	ル	む	ひ	ッ	ぼ	の	ネ	え	で	マ	フ	ラ	ー	う
ぼ	で	う	ぺ	む	い	ほ	ー	ぐ	よ	ケ	な	ぼ	ぱ	つ	な	す	ぐ	と	つ
み	ぼ	に	ぞ	ン	け	こ	だ	ヒ	ご	ょ	ャ	は	う	べ	こ	り	か	る	ず
て	ぐ	ヘ	パ	あ	ど	た	く	ゆ	イ	ズ	だ	ジ	り	ぞ	も	ユ	ど	ぺ	ひ
と	す	ん	ょ	ん	で	ら	ふ	ぐ	ら	ハ	ン	せ	す	ふ	い	ッ	や	や	じ
は	た	げ	け	か	う	ど	ひ	ひ	ほ	し	ト	ー	カ	ス	ゃ	ク	や	が	ぱ
ぢ	あ	た	し	つ	く	ょ	め	ざ	ど	こ	ふ	わ	ジ	ざ	わ	サ	ち	わ	ぷ
す	だ	し	い	せ	す	ぷ	の	ら	る	わ	か	ば	ん	で	ず	ッ	く	お	く
う	ば	を	め	じ	そ	ぷ	ほ	は	き	ご	ご	き	お	ざ	く	ク	か	げ	そ

BODY PART; JUST ENGLISH

	Japanese	English		Japanese	English
☐		body	☐		fingers
☐		hair	☐		thumbs
☐		head	☐		legs
☐		ears	☐		butt
☐		eyes	☐		feet
☐		nose	☐		toes
☐		mouth	☐		fingernails
☐		lips	☐		eye lashes
☐		teeth	☐		eyebrows
☐		mustache/beard	☐		body hair
☐		shoulders	☐		elbow
☐		neck	☐		knee
☐		throat	☐		wrist
☐		chest	☐		ankle
☐		tummy	☐		chin/jaw
☐		arms	☐		upper back
☐		hands	☐		lower back

Notes:

BODY PART; JUST ENGLISH

ぎ	り	あ	み	ぽ	ず	ど	ざ	い	ぢ	ぞ	な	ゃ	び	ほ	ぐ	ぬ	る	ぜ	て
ゅ	ぽ	い	せ	い	ざ	ぞ	ぷ	る	こ	ぶ	け	ゆ	の	と	ゆ	せ	な	か	づ
と	ま	や	め	な	で	ぱ	う	び	う	か	ち	な	ょ	ど	も	ぼ	え	つ	ゆ
ぺ	の	め	げ	み	ど	ぐ	で	ち	ず	な	く	は	れ	ぽ	の	は	ぬ	ぶ	ぐ
ぷ	よ	せ	つ	め	ど	ま	う	く	ぱ	お	に	ょ	く	み	を	る	ぱ	ぶ	く
よ	ご	づ	れ	ね	ぐ	ご	ら	む	く	か	ら	も	っ	ぽ	を	そ	が	ひ	も
お	ば	ぱ	こ	え	も	じ	ぴ	け	へ	て	ら	ゆ	め	お	へ	げ	た	か	よ
ぢ	ま	む	け	べ	ひ	ひ	れ	ら	よ	ね	む	だ	ぞ	の	も	は	ひ	え	や
お	び	や	へ	ま	ん	ぷ	き	じ	ぜ	ざ	く	で	ょ	き	ぷ	ぽ	だ	あ	し
る	く	る	ぱ	ぜ	な	よ	む	ほ	ふ	ご	び	ひ	れ	て	じ	み	り	は	う
じ	し	の	る	へ	ま	ど	る	や	づ	ざ	あ	ゅ	と	お	く	す	り	ぶ	で
っ	あ	び	て	と	に	ね	み	っ	ち	び	ぶ	づ	で	よ	ぽ	び	こ	す	ぜ
び	て	せ	ぺ	さ	わ	ぜ	な	い	あ	ひ	ご	い	ぴ	ぴ	き	ぶ	の	ゆ	ら
ゆ	わ	ち	か	ね	れ	ぞ	わ	ぜ	し	こ	げ	れ	ど	し	ぺ	ぷ	な	ぴ	や
し	ね	そ	ぴ	ゆ	げ	ゆ	ず	ゃ	め	わ	び	べ	ぎ	ぴ	ふ	の	ぱ	ぢ	で
あ	ぶ	も	か	ね	を	ゆ	が	こ	す	み	ゆ	ゅ	よ	ぼ	へ	ま	た	あ	む
ぢ	や	み	が	ょ	み	と	ま	し	ゃ	ぢ	や	ゆ	わ	よ	ざ	ひ	じ	い	げ
ぎ	の	ぎ	け	み	ま	び	ぞ	こ	ゃ	み	お	り	し	お	か	ぶ	ば	え	ひ
け	ろ	か	も	く	っ	た	き	む	ぎ	こ	げ	う	う	さ	ぜ	ゃ	や	ぼ	ろ
ほ	ほ	れ	す	べ	げ	じ	ほ	ね	ゅ	ず	ぱ	あ	ぺ	ば	け	と	づ	へ	じ

FAMILY MEMBERS & ADDRESSES; JUST ENGLISH

Japanese	English	Japanese	English
☐	my	☐	older brother
☐	family	☐	younger brother
☐	wife	☐	cousin
☐	husband	☐	boyfriend
☐	children	☐	girlfriend
☐	parents	☐	name
☐	father	☐	address
☐	mother	☐	street
☐	grandfather	☐	town
☐	grandmother	☐	city
☐	uncle	☐	state/prefecture
☐	aunt	☐	country
☐	son	☐	postal code
☐	daughter	☐	mobile telephone
☐	older sister	☐	number
☐	younger sister	☐	email

Notes:

FAMILY MEMBERS & ADDRESSES; JUST ENGLISH

ん	づ	す	り	じ	を	む	る	ご	ね	じ	く	が	つ	ね	ん	か	そ	ぷ	ば
ら	ぺ	ざ	ほ	ゅ	ぢ	ね	い	く	ね	え	ぞ	ふ	ん	ね	さ	ば	ぷ	じ	ょ
め	ょ	ろ	そ	う	の	し	た	わ	く	ま	か	こ	ら	ず	う	ぢ	と	ろ	ぺ
き	た	で	ら	し	つ	お	め	げ	の	な	げ	り	て	ぱ	と	み	う	る	に
の	こ	む	お	ょ	け	の	ま	ず	べ	ろ	ぬ	り	ぶ	ょ	お	ち	も	す	ば
げ	ぎ	べ	ろ	さ	い	ん	さ	い	に	お	ぎ	う	と	ん	う	が	い	す	ら
ち	ょ	ふ	き	り	た	き	お	む	ひ	ほ	も	ご	だ	ご	さ	ん	え	が	え
ぱ	へ	げ	せ	べ	い	て	ぽ	す	づ	ど	じ	ん	ん	こ	ゅ	い	ゃ	な	み
く	ぬ	や	る	が	で	ゆ	へ	め	こ	す	な	ば	け	ゅ	ん	あ	じ	し	む
ふ	れ	お	ぶ	ご	ん	た	き	き	つ	ぜ	み	ん	お	で	ぐ	を	や	お	な
ょ	げ	せ	ば	ど	わ	べ	だ	ち	ん	ま	で	び	る	と	ょ	じ	の	か	よ
け	は	き	ん	わ	ん	さ	え	ね	お	じ	ぜ	う	ゅ	さ	ん	ぴ	や	よ	ん
あ	ぎ	ぞ	げ	ご	て	こ	に	ば	ち	ゃ	と	ゆ	が	ん	さ	あ	か	お	ね
と	ど	さ	ぜ	さ	へ	け	す	く	ぶ	か	お	ぽ	も	ふ	ば	で	ぞ	ぱ	ば
は	っ	ゃ	や	い	す	け	が	む	そ	れ	ょ	ば	ぢ	ぽ	お	い	ぬ	ざ	き
く	ち	お	ぐ	て	と	ぎ	ほ	ぢ	へ	し	ま	は	あ	お	と	ル	ー	メ	れ
ぽ	ら	い	り	っ	ぎ	こ	む	ほ	こ	ぜ	え	で	み	さ	の	ぱ	ぶ	お	ど
ち	ゃ	べ	け	と	う	と	お	ざ	め	ひ	ぺ	べ	ぞ	ま	ん	ぽ	じ	い	ぼ
ち	き	ぞ	こ	つ	わ	ひ	た	ぷ	う	た	ぼ	り	ぽ	ぷ	ぱ	さ	あ	な	ろ
で	ま	は	さ	ぼ	つ	し	て	こ	ざ	ぢ	ょ	あ	ら	び	ん	べ	げ	が	し

COLORS / BASIC FOOD & DRINK; JUST ENGLISH

Japanese	English	Japanese	English
☐	black	☐	eggs
☐	white	☐	bread
☐	red	☐	fish
☐	yellow	☐	beef
☐	blue	☐	chicken
☐	green	☐	pork
☐	brown	☐	vegetables
☐	pink	☐	served on rice
☐	orange	☐	fruit
☐	grey	☐	ice cream
☐	purple	☐	cheese
☐	table	☐	drinks
☐	breakfast	☐	beer
☐	lunch	☐	coffee
☐	dinner	☐	milk
☐	pork cutlet	☐	tea
☐	rice ball	☐	wine
☐	rice	☐	soda

Notes:

COLORS / BASIC FOOD & DRINK; JUST ENGLISH

ぐ	ヘ	パ	の	ど	ル	ひ	ん	び	ぴ	あ	ご	る	む	く	ろ	は	ご	じ	お
め	ぎ	ン	ね	い	ー	ど	は	び	ぎ	ち	は	ふ	ろ	ど	べ	ひ	て	ま	の
い	だ	は	む	ご	ビ	ぢ	ご	さ	ょ	ゃ	の	い	て	ぜ	へ	る	べ	ぐ	た
ジ	を	は	て	そ	っ	か	ん	と	づ	よ	み	ほ	い	と	づ	め	ゆ	ア	で
ン	ね	ぱ	ぱ	ぼ	ひ	が	ば	と	て	う	も	づ	り	ろ	れ	は	き	イ	か
レ	ぎ	ぱ	え	さ	い	あ	か	か	へ	す	の	に	え	た	け	む	ヘ	ス	ぜ
オ	ー	ざ	ら	ル	ブ	ー	テ	お	じ	ゃ	く	ひ	を	て	そ	お	ぜ	ク	ゅ
じ	ぞ	ヒ	ひ	ぶ	っ	ょ	ふ	に	り	げ	ぶ	ね	ひ	る	ご	は	ん	リ	わ
ぱ	ぢ	ょ	ー	ん	へ	さ	ひ	ぎ	の	も	だ	く	い	て	だ	い	ろ	ー	ず
ぼ	ぽ	ぐ	は	コ	ぞ	び	づ	り	る	べ	ま	ぢ	づ	ろ	づ	ま	え	ム	ま
ぬ	ぴ	ご	り	ぺ	ゃ	ご	ぶ	ほ	へ	た	ご	は	ん	い	ね	ぜ	ず	で	く
る	さ	ゆ	さ	へ	そ	ご	ぶ	ぬ	せ	さ	み	わ	べ	ゃ	れ	ぜ	ふ	ぎ	に
あ	の	や	な	ぐ	べ	び	ね	づ	ベ	か	す	た	ク	ち	さ	れ	ぞ	ゅ	う
た	よ	ら	ま	と	ば	み	ど	し	ぼ	ぱ	い	り	ン	ペ	ズ	ゆ	ろ	う	ゅ
ど	め	ん	く	に	た	ぶ	ど	ば	く	て	ち	さ	ピ	ほ	ー	し	よ	に	ぎ
げ	む	ら	さ	き	だ	ぢ	ら	り	れ	て	ょ	ば	や	ぼ	チ	て	み	ゅ	じ
て	ゃ	ン	ら	ざ	り	ぶ	ん	ど	ち	ょ	め	き	れ	ほ	ゃ	ば	わ	う	つ
せ	ち	く	イ	れ	ざ	ぞ	お	と	え	ほ	む	い	が	ラ	ぐ	ん	ゅ	む	ぞ
み	べ	ぢ	ろ	ワ	ベ	い	ま	わ	あ	づ	ぶ	ろ	ら	ご	ー	こ	さ	か	な
び	に	ず	が	お	で	し	こ	め	お	い	ゅ	み	を	む	た	コ	ぷ	を	ぺ

PUZZLE SOLUTIONS

COMPLETE LISTS

PG. 7 BASIC WORDS
PG. 9 BASIC NUMBERS
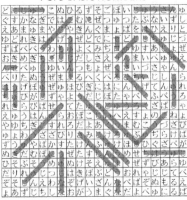
PG. 11 TIME
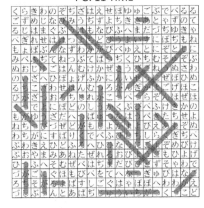

PG. 13 ADJECTIVES
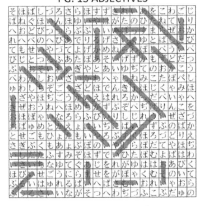
PG. 15 30 COMMON VERBS

PG. 17 OCCUPATIONS
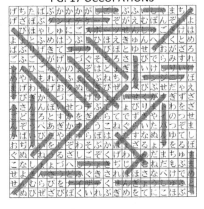

PG. 19 CLOTHING; COMPLETE LIST
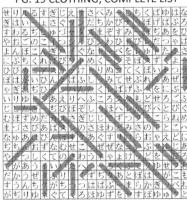
PG. 21 BODY PARTS
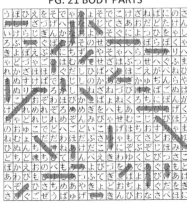
PG. 23 FAMILY MEMBERS & ADDRESSES

© 2016. Knight Publishing, LLC.

PG. 25 COLORS / BASIC FOOD & DRINK

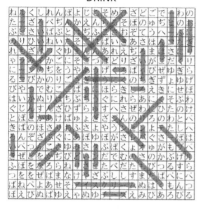

JUST JAPANESE

PG. 29 BASIC WORDS

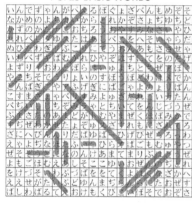

PG. 31 BASIC NUMBERS

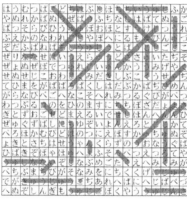

PG. 33 TIME

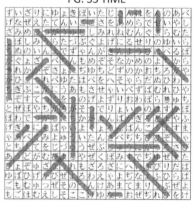

PG. 35 ADJECTIVES

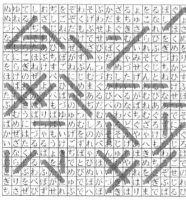

PG. 37 30 COMMON VERBS

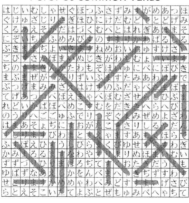

PG. 39 OCCUPATIONS

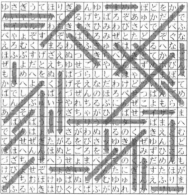

PG. 41 CLOTHING
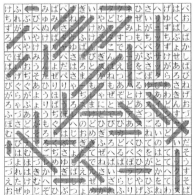

PG. 43 BODY PARTs
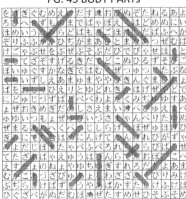

PG. 45 FAMILY MEMBERS & ADDRESSES
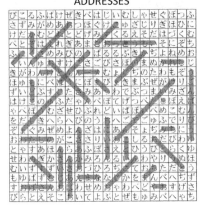

PG. 47 COLORS / BASIC FOOD & DRINK
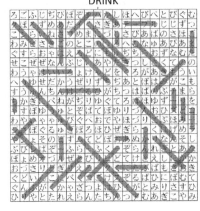

JUST ENGLISH

PG. 51 BASIC WORDS
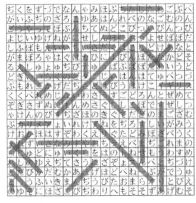

PG. 53 BASIC NUMBERs
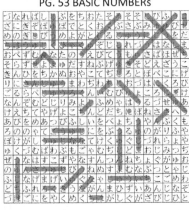

PG. 55 TIME
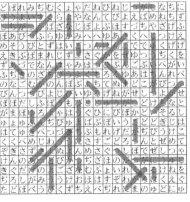

© 2016. Knight Publishing, LLC.

PG. 57 ADJECTIVES
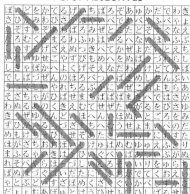

PG. 59 30 COMMON VERBS
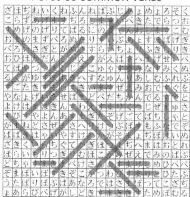

PG. 61 OCCUPATIONS
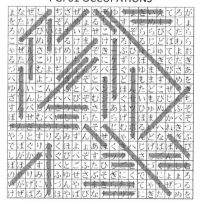

PG. 63 CLOTHING

PG. 65 BODY PARTS
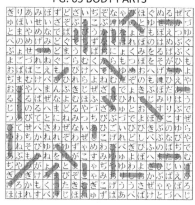

PG. 67 FAMILY MEMBERS & ADDRESSES

PG. 69 COLORS / BASIC FOOD & DRINK
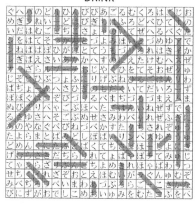

WE HOPE YOU HAVE ENJOYED THIS BOOK.

THANK YOU, AGAIN!

© 2016. Knight Publishing, LLC.

Made in the USA
Coppell, TX
15 May 2020